쓰다 그리다 생각하다

이인기 지음

THE DESIGNER'S PENCIL

디자인소호 출판부

디자인을 생각하다

디자인을 한다는 것

디자인을 가치로 환산할 수 있을까.
그렇다면 고객이 지불하는 디자인 비용은 '무엇'에 대한 대가일까.
기막힌 아이디어? 글보다 많은 것을 설명하는 비주얼?
그도 아니면 밤샘작업을 밥 먹듯 하는 디자이너의 노동력?

디자인 그리고 디자이너

결국 디자이너란 모두에게 공평하되 평등하지 않은 시간 내에, 얼마만큼의 성과를 낼 수 있을지 겨루는 사람들이다. 제 아무리 기발한 아이디어도 마감 시간에 맞추지 못하면 아무런 의미가 없다. 혹은 고객이 원하는 품질에 다가서지 못한다면 그 디자인의 가치는 현저히 떨어지고 만다.

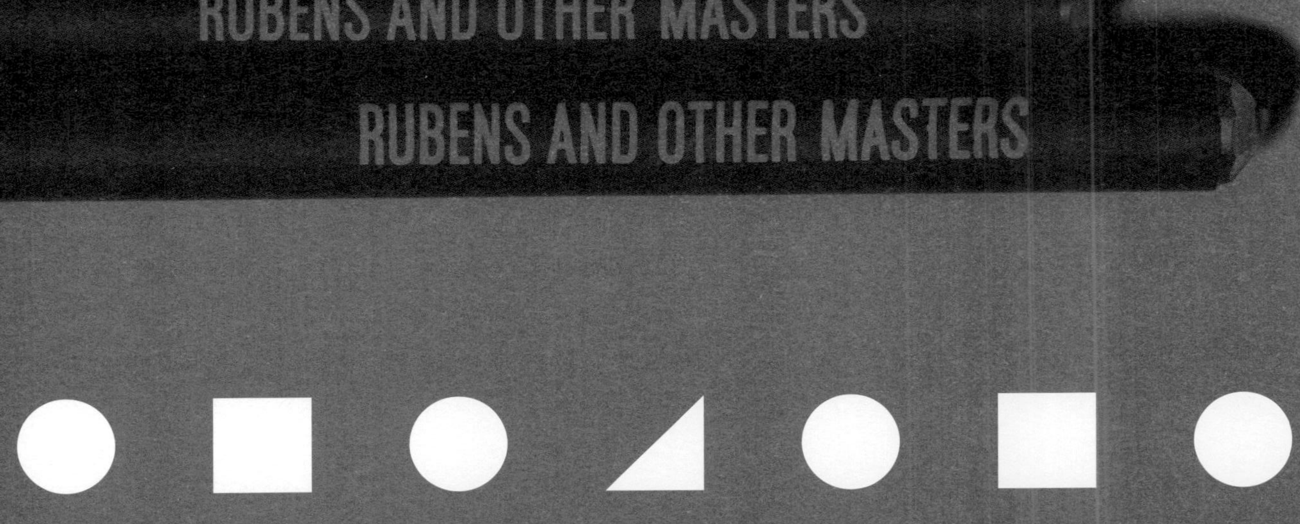
RUBENS AND OTHER MASTERS
RUBENS AND OTHER MASTERS
RUBENS AND OTHER MASTERS
RUBENS AND OTHER MASTERS

모나지 않을 것

좋은 디자인이라면 어느 면에서 보았을 때도 모나지 않아야 한다.
그것이 균형미다. 확실한 정답이라고 생각했던 것이 알고 보니
틀린 경우는 얼마든지 있다. 한 곳에서는 상식이었던 상황이
또 다른 곳에서는 비상식으로 여겨지기도 한다.
디자인에서도 마찬가지다.

사람이 디자인이다

가장 중요한 것은 '누구'를 위해 '어떤' 일을 하는가 고민하고 명확히 인식하는 일이다. 독자가 인정하는 가치와 디자이너가 원하는 가치가 만날 때 비로소 '좋은 디자인'이라는 목표에 한 발짝 더 가까워질 것이다.

너머를 생각하다

매 순간, 달의 뒷면을 상상하라. 너머의 것을 바라보라.
이면을 보는 상상력과 관찰력을 가지는 일이 중요하다.
'만약 내가 고객의 입장이라면', '만약 내가 독자의 입장이라면' 같이
내가 아닌 다른 입장에서 생각하는 습관을 거듭하다 보면
언젠가는 보이지 않지만 중요한 그것을 보는 눈을 뜨게 된다.

숲을 이루는 일

숲은 그러하다.
전체를 보아도 나무 한 그루를 보아도 저마다의 아름다움이 있다.
책 한 권을 이루는 디자인 역시 그러하다.
한 페이지 한 페이지 저마다의 아름다움이 있지만
모였을 때 비로소 하나의 풍경이 완성되는 까닭이다.
그래서 좋은 디자인은 가까이에서 보아도,
멀리에서 보아도 아름답다.

LOVE
EARTH

prologue

들어가며

우리가 흔히 쓰는 육각형 연필은 세로 18센티,
가로 0.5센티의 직사각형 6개로 이뤄져 있습니다.
이를 면적으로 환산하면 0.16평의 아주 작은 공간인
셈입니다. 이 작은 면을 다양한 색과 이미지로 디자인한
연필들을 보고 있노라면 잠시 경이로운 생각마저 듭니다.
연필 디자인에 빠져들게 된 연유이기도 합니다.

그간 모은 연필의 이미지를 가려 책으로 엮어내려고 보니,
사진만으로는 아쉬운 마음이 들어 머릿속 생각으로만
그쳤던 일상과 소상에 대한 이야기들을 정리해 봅니다.
거창한 디자인 론이나 개인적인 잘난 체가 아닌
그저 때로 고민하고 자문자답하며 찾아낸 생각들입니다.

마음을 비우고 휴식과 같이,
글도 한 자루 연필처럼 가볍게 쓰려 했습니다.
정해진 순서나 분류도 없으니 그저 마음에 드는 곳을
펼쳐 지금 찾고자 하는 말들과 만나기를 바랍니다.
그리고 마지막 장을 덮을 때쯤엔
글과 그림 두어 개쯤 마음에 남기를 바라는 마음입니다.

contents

The Designer's Pencil

천천히, 그러나 멈추지 않고

묘비명 이야기

나다움을 배우는 일

매일 다른 꿈을 꾸다

돌을 돌처럼 보지 않기

과거에서 찾은 것

디자인 이전의 디자인

희망을 쓰면 이루어진다

일하는 곳에 마음이 산다

몸으로 하는 디자인

멘토 이야기

소주 한 잔

다음 한 수를 보다

사용자를 위한 디자인

나를 설명하는 일

보이지 않는 디자인

시대와 교감하는 디자인

이제는 신의 차례

QUALITÀ
12 P
"Per
QUALITY
LOUI

CILS
ELEGANZA
FILI
FILI
ELEGANCE

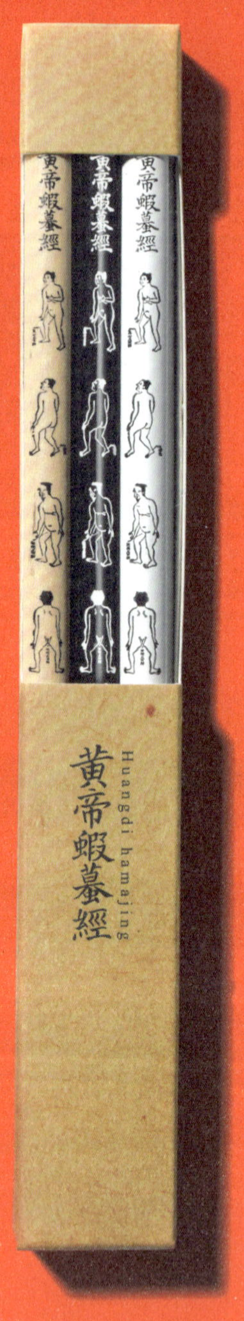

The Designer's Pencil

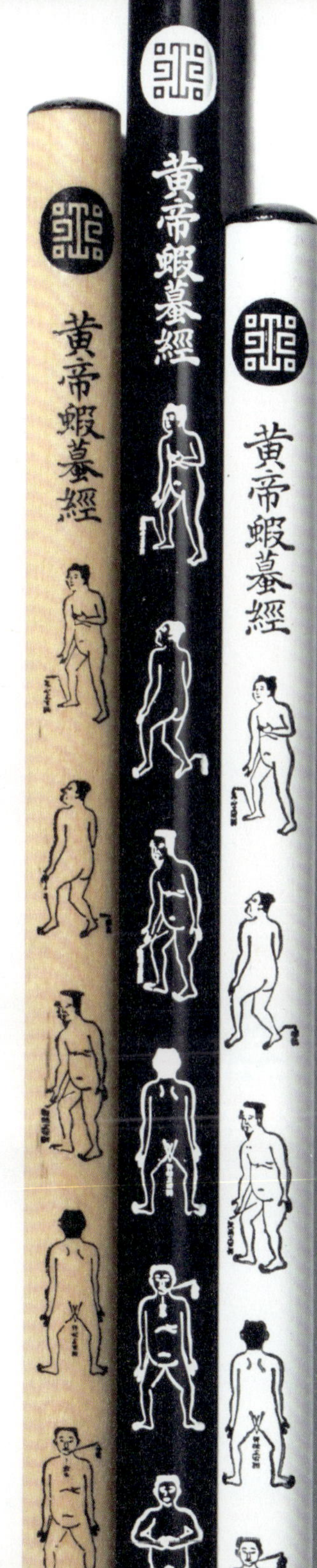
黃帝蝦蟇經
黃帝蝦蟇經
黃帝蝦蟇經

The Designer's Pencil

和紙鉛筆

The Designer's Pencil

FRIDAY
THURSDAY
WEDNESDAY
TUESDAY

The Designer's Pencil

The Designer's Pencil

천천히, 그러나 멈추지 않고

'왜 일해야 하나' 라는 물음은 내게 '어떻게 살아야 하는가' 라는 질문만큼이나 오래도록 풀리지 않는, 때로는 풀기 싫은 명제였다. 어느 늦은 밤 직원들과 함께한 회의실에서 문득 그 답을 찾았다. 그날은 프레젠테이션 준비에 몇날며칠 야근이 이어진 참이었다. 직원들 얼굴에도 하나같이 지친 기색이 역력했다.

무거운 분위기를 헤치고 한 디자이너가 입을 열었다. "B안에서 이 부분을 이렇게 수정하면 좋겠는데요." 그 말은 작은 신호탄이 되었다. 눈과 눈빛이 마주치고 입과 입술이 부딪히면서 보이지 않는 불꽃이 일었다. 기획자와 디자이너 사이에, 선배와 후배끼리, 동료와 동료 간에 화살 같은 설전이 꼬리를 물고 이어졌다.

진지한 얼굴 표정, 날카롭게 쏟아 붓는 일침, 언뜻언뜻 비치는 미소들 속에서 나는 '일을 한다'는 말 이면의 '살아 숨 쉬는' 진짜 의미를 보았다. 일이 곧 생의 의지가 되는 것이다. 그런 의미에서 본다면 나의 인생은 순조롭게 흘러온 듯하다. 감사하게도 내게 일이란 '해야만 하는 것'이 아니라, '원하는 것'이었기

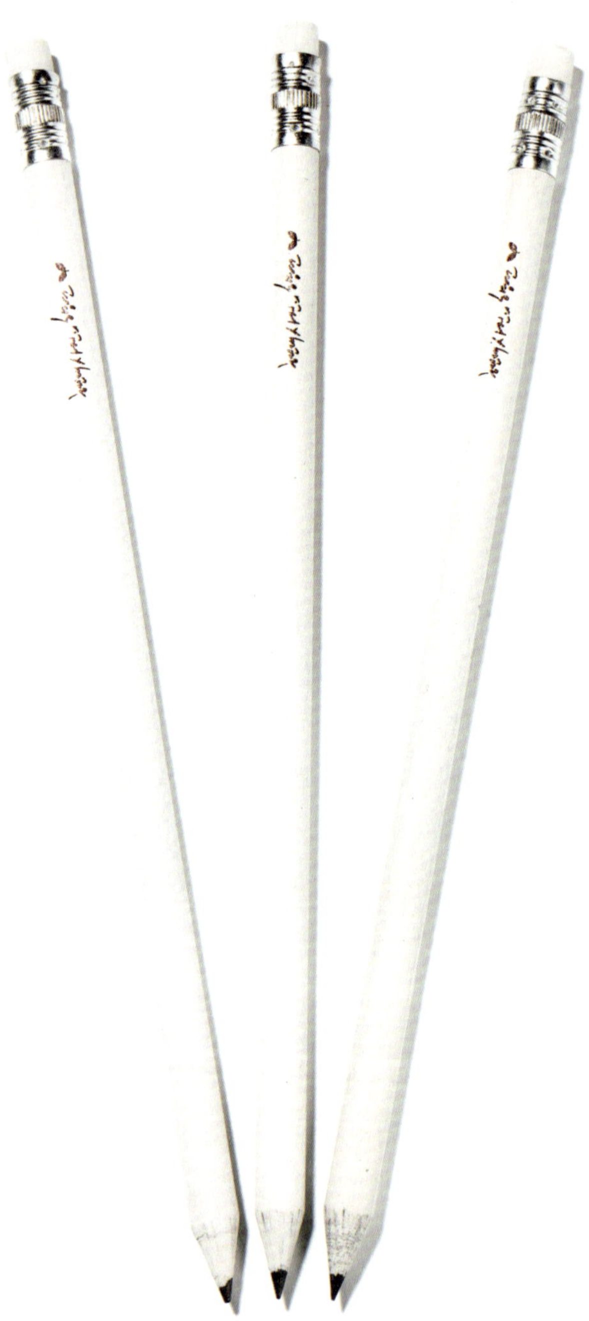

The Designer's Pencil

때문이다. 지금 이 순간에도 디자이너, 교수, 캘리그라피스트, CEO, 협회의 봉사직까지, 나는 다양한 영역을 넘나들며 폭넓게 변화하고 확장하려 노력한다. 새로우면 반가워서 좋고, 어려우면 도전의식이 치받아서 좋다. 모든 일들이 즐겁고, 하면 할수록 보람이 된다. 나는 그렇게 멈추지 않고 천천히 흐르는 중이다. 오직 고이는 것을 경계하며.

The Designer's Pencil

묘비명 이야기

나는 디자인을 전공한 디자인회사의 CEO다. 기업 운영 외에 대학과 기업에서 강의와 자문을 해왔고, 지금은 디자인협회 임원으로도 활동 중이다. 다양한 분야에서 활동하다 보니 젊고 활기찬 디자이너와 교수님들, 그리고 국내 디자이너 1세대라 할 수 있는 원로 선배님들을 만날 기회가 많다. 사람들과의 만남은 늘 즐겁고, 그 속에서 배우는 것도 많아 참 좋다.

얼마 전의 일이다. 저녁 식사 자리에서 분위기가 무르익을 무렵 술이 거나해진 선배가 갑자기 종이를 꺼내더니 죽으면 묘비에 새길 글귀를 미리 쓰자는 제안을 했다. 갑작스러운 선배의 말에 신선한 충격을 받았다. 아버지께서 생전에 맡기신 묘비명이 떠올랐다. 학교에서 아이들을 가르치셨던 아버지는 본인이 죽으면 묘비에 새겨달라고 묘비명을 내게 맡기셨었다. 한참을 멍하니 있다 묘비명을 적었다. 함께 있던 다른 이들도 각자 종이에 묘비명을 적었다. 즉흥적인 묘비명이긴 했어도 좋은 문구들이었다. 평소 마음속에 품고 있던 인생관이지 않았을까 싶다.

ESTD 1759
GUINNESS
GUINNESS
OFFICIAL MERCHANDISE
PINT PENCIL
This product is intended for purchase
enjoyment by people of legal
age for alcohol beverages.
GUINNESS
ESTD 1759

선배는 언제 죽더라도 디자이너이기를 스스로 인정하고 싶었을 것이다. 죽는 순간까지 프로로 남고 싶지 않았을까. 얼마 전 국립중앙박물관 아라비아의길 유물전에서 본 아름다운 묘비들도 그렇게 남겨졌을 것이다. 각각의 묘비는 한 사람의 우주였을 테니까.

The Designer's Pencil

나다움을 배우는 일

대학 강단에 서는 동안, 내 역할은 간단했다. 학생들에게 영감을 불어넣고, 각자 되고 싶은 사람, 될 것이라고 믿는 인물이 되도록 이끄는 것. 내가 강조해 온 가치는 바로 '다양성'이다. 1등이 아니어도 좋다. 주류가 아니어도 좋다. 그래서 나는 학생들에게 먼저 배우는 법을 새롭게 배우라고 조언하곤 한다.

흔히 사람들은 정보를 축적하는 것을 배움이라고 생각한다. 하지만 '영민함'이 단지 암기력을 의미하는 것만이 아니듯, 배움 또한 기계적인 축적으로 한정할 수 없다. 배움이란 나를 둘러싼 세계에 눈을 뜨는 것이고, 나만의 영역을 찾고 최대한으로 끌어올리기 위해 노력하는 일이기 때문이다.

많은 사람들이 남과 다른 것을 두려워하지만, 개성은 스스로를 특별하게 만들어 준다. 나는 유행하는 넓은 깃 셔츠 무리에서 홀로 좁은 깃의 셔츠를 입은 사람이고 싶다. 주위의 시선에 대해 당당하지 않을 이유가 없다. 그것이 나를 설명하는 한 가지, 나다움이다.

The Designer's Pencil

요즘도 나는 틈날 때마다 미술관, 갤러리를 찾고 서점에 앉아 새로 나온 책들을 펼친다. 정신과 육체가 조금이라도 무뎌질까 주말마다 붓글씨를 쓰고 산을 오르며 새 각오를 다진다. 활동 주제에 길고 짧음이 없는 만큼, 사람 관계에도 위아래를 가리지 않는다. 어제는 친구들과 막걸리 한잔, 오늘은 후배들과 커피 한잔을 한다. 이웃 간의 포트럭 파티에서 음식 솜씨를 뽐내기도 한다. 모든 것이 배움이다. 경계 없는 배움이 나를 만들고, 나를 나답게 한다.

The Designer's Pencil

매일 다른 꿈을 꾸다

돌이켜보면 내 어린 시절, 우리들의 장래희망은 친구들의 숫자만큼이나 다양했고 또 나이가 들며 조금씩 달라지기도 했다. 물론 디자이너를 꿈꾸던 나를 비롯하여 늘 한결같은 장래희망을 가진 친구도, 변덕스레 예술가, 의사, 대통령 등등 하루가 멀다 하고 꿈을 갈아치우는 친구도 있었다. 어린 시절의 꿈을 그대로 가지고 성장하는 경우가 적다손 쳐도, 작은 머리들이 품은 총천연색 꿈은 부족함 많던 시절을 한결 풍요롭게 만들어주었다. 행복한 상상을 원동력으로 한 발짝 더 나아가게 끌어당겼다.

20년 전, 나는 안정된 직장이었던 신문사를 그만두고 창업을 결심했다. 두려운 마음이 들지 않았다면 거짓말이다. 하지만 나는 그렇게 꿈을 좇아 길을 나섰고, 생각도 정리할 겸 뉴욕행 비행기에 몸을 실었다. 도시 전체에 가득한 박물관과 미술관을 지나, 아름다운 소호 거리를 거닐며 다양한 영감을 얻었다. 그렇게 나의 꿈은 디자인소호라는 이름으로 눈앞의 현실이 되었다.

The Designer's Pencil

이후로도 꿈은 나를 채찍질하는 원동력이었다. 어려운 시기를 견딜 수 있는 힘을 주었고, 남들이 생각지 못한 제안을 통해 프로젝트를 따낼 수 있도록 영감을 선사했다.

자기 인생의 주인이 된다는 것은 멋진 일이다. 그 과정이 다소 고단하더라도 내가 원하는 것을 알고, 상상하고, 현실로 이루어내는 것. 그것을 성공이라 이름붙일 수 있다면 나는 진정으로 성공한 사람이다.

欽定一甲第一名
欽定一甲第一名
國立故宮博物院
NATIONAL PALACE MUSEUM
欽定一甲第一名
國立故宮博物院
NATIONAL PALACE MUSEUM
欽定一甲第一名

돌을 돌처럼 보지 않기

상상력을 기르는 방법에 대한 견해는 분분하지만, 평범한 사물을 다르게 보는 것에서부터 시작된다는 데에는 이견이 없을 테다. 그런 의미에서 내 사무실은 상상력을 키우기 위한 매우 소소하고 자연스러운 장치들로 가득하다. 회의 탁자에는 내가 모처에서 주워온 여러 개의 조약돌이 아무렇게나 놓여있다. 모양과 색감, 크기가 모두 제각각인 녀석들이다. 직원들이 눈치챘을지 모르겠지만 이 돌들은 단순한 장식이 아닌 '다르게 보는' 연습을 위한 도구다. 어느 날은 햇빛이 드는 각도에 따라, 누군가 쌓거나 늘어놓은 형태에 따라 같은 돌이지만 달리 보인다. 돌의 매끈하거나 거친 질감 역시 상상력을 건드린다.

내 사무실에서는 매일 크고 작은 회의가 열리는데, 끝나고 나면 직원들이 만지작거린 모양새 그대로 돌들이 남겨져 있다. 어느 날은 모아놓기도, 혹은 줄을 세우거나 흐트러트리기도 하는데 회의의 숫자만큼 돌의 변화도 늘어난다.

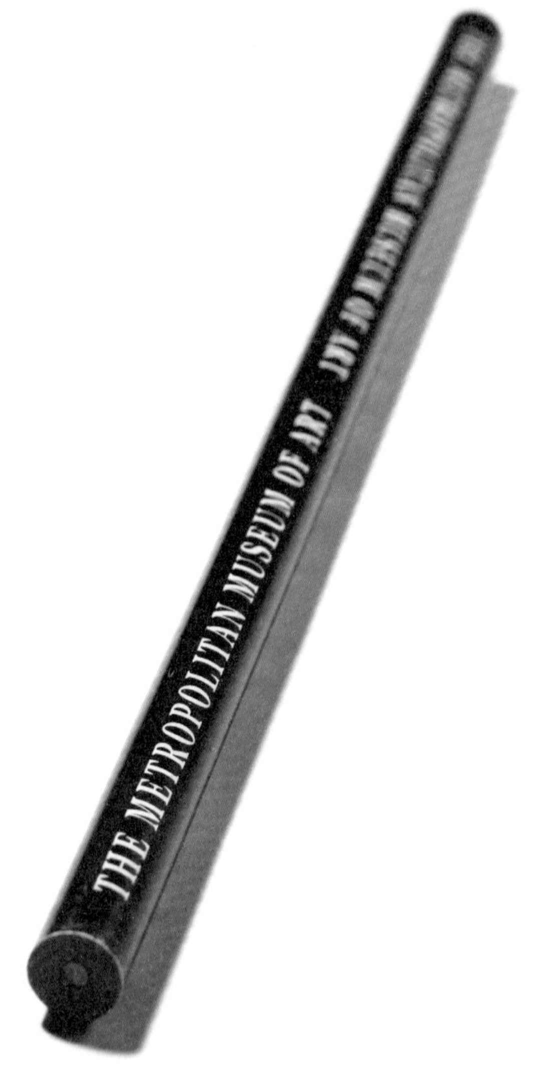

The Designer's Pencil

토론을 통해서 얻어지는 것은 직원들의 반짝거리는 아이디어만이 아니다. 매번 다른 모양새로 늘어선 조약돌 역시 회의가 남긴 멋진 결과물이다. 그날그날 모아진 상상력의 집합체라고 할까. 그 자체로 훌륭한 도구이자 디자인이다.

The Designer's Pencil

과거에서 찾은 것

몇 해 전 프로젝트를 준비하며 열화당책박물관에 들른 적이 있다. 도무지 아이디어가 떠오르지 않아 머리나 식힐 겸 잠시 찾았던 것인데, 문을 닫을 때까지 박물관을 나설 수가 없었다. 그동안 내가 고민하고 갈망했던 모든 아이디어들이 바로 거기에 있었다. 세계 각국의 고서(古書)들이 품은 자태가 너무도 아름답고 경이로웠다. 하나하나가 아이디어의 원천이었다. 그렇다. 답은 창조에만 있지 않았다. 많은 경우 과거에서 발견하는 것이었다.

고전은 힘이 세다. 옛것이 소중하다는 뻔한 이야기가 아니다. 옛것 자체를 그대로 이어받는 것이 아닌, 오래된 감각과 거칠한 질감에 정체성을 입혀 소화하는 것. 겉이 아닌 내면의 아이덴티티를 들여다보고, 이를 디자인화하려는 노력이다.

'좋은 디자이너들은 모방하고, 위대한 디자이너들은 훔친다'고 한 피카소의 말을 생각한다. 어찌 보면 이처럼 자극이 많은 시대에 영감을 찾기란 쉬운 일이다. 그러나 그것을 자신만의 언어로 표현하는 것은 쉽지 않다. 혹자에게는 지루한 작업이라고 치부될지도 모를 일이다. 흥미로운 작품들을 수집하는 데는 시

The Designer's Pencil

간이 걸리고 예리한 눈도 필요하지만, 그 안에서 의미를 찾아 나만의 언어로 표현하는 힘을 키우는 데는 성실함과 진중한 사고력이 뒤따라야 한다. 끊임없이 분석하고, 논리를 찾고, 재해석하고, 재구성한다. 그러면 그것은 이미 옛것이 아닌 새로운 것, 나만의 것이다.

The Designer's Pencil

디자인 이전의 디자인

내가 처음 디자인을 시작했을 무렵엔 지금처럼 편집디자인을 도와주는 툴이나 소프트웨어가 있지 않았다. 텍스트와 이미지를 모눈종이에 일일이 오려 붙여가며 작업했기에 사전에 방향을 명확히 해놓지 않으면 안 되었다. 내용을 거듭해서 읽고 주제를 익히고 콘셉트를 세웠다. 내 노트는 늘 고쳐 쓴 메모와 스케치로 가득했다. 그렇게 여러 번 밑그림을 다듬으며 완성도를 높여가다 보면 어느새 큰 그림이 나타났다. 당시엔 그 과정들이 답답하게 느껴졌지만 방향을 명확히 잡은 덕에 결과적으로는 시행착오를 줄일 수 있었다.

그런데 요즘 디자인 방식은 나로서는 이해 불가다. 컴퓨터 성능과 소프트웨어가 좋아지다 보니 텍스트와 이미지를 뿌려놓고 바로 디자인하는 경우가 다반사다. 과거로 치면 스케치 없이 오려 붙이기를 먼저 하는 꼴이다. 디자이너는 세상에 없는 것을 뚝딱 만들어내는 마법사가 아니다. 내용도 주제도 모르고 작업부터 들어가면 당연지사 시행착오가 거듭되고 작업시간이 늘어날 수밖에 없다. 그렇다. 편리함이 늘 옳음을 뜻하는 것은 아니다.

The Designer's Pencil

새로운 디자인을 요청 받았다면, 곧바로 컴퓨터 앞에 앉을 것이 아니라 생각부터 할 일이다. 그 회사가 어떤 일을 하는지, 어떤 기업관을 가지고 있는지, 이 디자인의 목적은 무엇인지 숨은 의도와 의미를 먼저 헤아려야 한다.
이렇게 명징한 정의를 내리는 일은 가장 중요한 밑기둥을 세우는 과정이다. 이러한 작업이 선행되어야 돌발적인 상황이나 변수가 생기더라도 다시금 해결방법을 찾을 수 있다. 본질적인 가치를 간파해야만 완성된 디자인에도 힘이 실리고 메시지가 깃든다.

희망을 쓰면 이루어진다

내 집무실에는 직접 적어 붙여둔 글귀들이 가득하다. 대단한 문장은 아니지만 소소한 꿈에 대한 단상들이다. 문장들은 시시때때로 손을 뻗어 내게 방향을 알려준다.

꿈을 표현하면 서서히 변화가 일어난다고 한다. 나로선 속는 셈 치고 한 번 적어본 게 시작이었다. 먼저, 꿈을 적어 눈에 잘 띄는 곳에 두니 자주 보게 되었다. 자주 보니, 한 번이라도 더 떠올리게 됐다. 그러다 문득 생각이 들었다. '어떻게 하면 이룰 수 있을까' 가장 중요한 변화가 바로 이 순간부터였다. 이전에는 단순한 희망만을 품었다면, 비로소 '어떻게 해야 하는가' 라는 질문을 떠올린 것이다.

물론 꿈을 적는다고 그 꿈이 곧바로 이뤄진 것은 아니다. 정말로 꿈을 달성하기 위해서는, 스스로 움직여야 했다. 당시는 디자인 사무실을 갓 열고 한동안 빈 사무실을 지키던 때였다. 별다른 일도 인맥도 없이 시작한 회사이니 기업 홍보실에서 일부러 날 찾아와 일을 줄 리 만무했다. 막막한 마음을 추스르며 나

The Designer's Pencil

는 뭐라도 해야겠다고 다짐했다.

먼저 내가 만들어보고 싶었던 기업 홍보물 목록을 작성했다. 그리고 몇날며칠을 밤새워 홍보물들을 디자인해 하나씩 기업 홍보실을 찾아다녔다. 결과는? 대성공이었다. 정성들여 만든 작업물을 보고 관심을 보이는 기업이 하나둘 나타난 것이다. 프로젝트가 불어나니 절로 사람이 필요해졌다. 그렇게 회사는 직원들의 온기로 꽉 찼다.

집무실 안의 글귀들을 바라보며 나는 아직도 그때의 교훈을 잊지 않고 있다. 그렇다. 희망을 쓰면 반드시 이루어진다.

The Designer's Pencil

일하는 곳에 마음이 산다

1987년 한국일보에 입사한 나는 당시 신문사 편집 디자이너들이 대부분 그러했듯 평일 중 절반 이상은 집에 가지 못하는 강행군을 계속했다. 월요신문 발간을 위해 일요일 늦은 시각까지 근무가 이어졌다. 정신없이 달리다 문득 정신을 차려보니 7년이라는 시간이 훌쩍 지나있었다. 물론 힘들고 지치는 날들이었지만, 필드에서 뒹굴며 일 근육이 붙고 현장 감각을 익힌 시간이기도 했다.
일적인 부분 외에도 깨달은 바는 또 있다. 회사에서 만난 사람들과의 관계는 직장동료 그 이상의 무언가가 있다는 점이다. 편집실에서 보내는 시간이 무려 하루에 10시간 이상이다 보니, 눈물콧물 빼며 성장하는 동안 동료들과의 전우애도 굳건해졌다. 말 그대로 '또 하나의 가족'이었다. 당시 함께 밤을 지새우던 동료들은 지금도 여전히 다양한 분야에서 활발하게 활동하며, 기쁠 때나 힘들 때나 내게 큰 힘이 되어주고 있음은 물론이다.

The Designer's Pencil

회사 경영을 시작하고도, 초창기 10여 년은 거의 회사에서 살다시피 했다. 대표가 아닌 동료로서 밤늦도록 함께 열정을 불태웠고 때론 대낮에 시작된 반주가 늦은 시간까지 이어지기도 했다. 맛있는 식당이 있으면 함께 먹으러 가고, 좋은 곳이 있으면 함께 놀러 다녔다.

요즘은 환경이 바뀌고 세대가 달라지니 고전적인 내 방식이 임직원에게 충분히 전달되지 못할 때도 많다. 그러나 좋은 동료가 되고자 하는 마음이 살아있는 한 나의 노력은 계속될 것이다.

The Designer's Pencil

몸으로 하는 디자인

천부적인 디자인 감각은 타고나는 거라고들 하지만, 단언컨대 감각은 끈질긴 노력을 이길 수 없다. 디자인이란 머리가 아닌, 몸으로 하는 작업이기 때문이다. 새로운 디자인의 지평은 앉은 자리에서의 궁리가 아닌 행동과 실천을 통해 열린다.

진득하게 현업에 종사하는 디자이너가 대부분 그러하듯, 나 또한 노력파 중 하나라고 말하고 싶다. 어려서부터 서예붓을 잡았고, 대학에 가서도 노력을 게을리하지 않았다. 현재도 마찬가지다. 편집디자인회사 대표라고 자만할 시간이 어디 있을까. 직함에 걸맞게 대표적으로, 더 노력해야 한다고 생각하기에 좋은 자료들을 찾아다니며 직원들과 아이디어를 공유한다.

디자이너라고 해서 늘 디자인 관련 서적만 읽고 관련 분야만 익혀야 할까. 세상의 모든 학문은 연결되어 있다. 나는 문학, 마케팅. 심리학, 사회학 등 다양한 분야에 관심을 둔다.

PARIS...

디자인의 가능성은 어디에나 존재한다. 책을 읽고, 그림을 그리고, 음악을 듣고, 공연을 보고, 미술관을 찾는 등 일상의 다양한 경험들이 모여 디자인의 재료가 된다. 배우고 싶은 마음, 갈망과 열망을 잃어버리지 않기 위해 애쓴다. 어떤 경험을 하든 좋다. 새롭게 바라보는 자세가 중요하다. 설사 그것이 반복되는 일상이라도 말이다. 영감은 누적되는 것이다. 일과 놀이를 구분하지 않고, 하루하루를 즐긴다. 순간순간이 충전이자 학습의 기회가 될 테니까.

The Designer's Pencil

멘토 이야기

몇 해 전 스펙초월 멘토스쿨이라는 사업을 잠시 진행한 적이 있다. 6개월간 10여 명의 예비 디자이너들과 함께한 멘토링 프로그램이었는데, 프로젝트를 진행하는 동안 아쉬움이 컸다. 가장 충격이었던 것은 저마다의 가능성이 충분한 예비 디자이너들에게서 '자신에 대한 확신과 의지'가 부족하다는 점이었다. 지식은 있었으나 지혜가 없었고, 감각은 넘쳤지만 생각이 부족했다. 과연 그 친구들은 어떤 목적으로 나와 6개월을 함께했을까. 그저 한 명의 조언자를 더 찾기 위한 여정이었을까.

멘토가 범람하는 시대다. 수년 전부터 멘토를 주제로 한 책이며, TV프로그램이 인기를 끌었고, 많은 사람들이 본인의 멘토를 찾는데 혈안이 되었다. 존경하는 누군가의 말 한마디가 끼치는 영향이란 그렇게 어마어마하다.

하지만 가끔은, 그런 영향이 스스로의 한계를 결정지을 수 있다는 생각이 든다. 주관이 바로 서지 않은 청춘들에게는 더 그러할 것이다. 어린 시절의 내가 종종 그랬듯이, 조그마한 어려움에 부딪히면 스스로 해결책을 생각하기보다

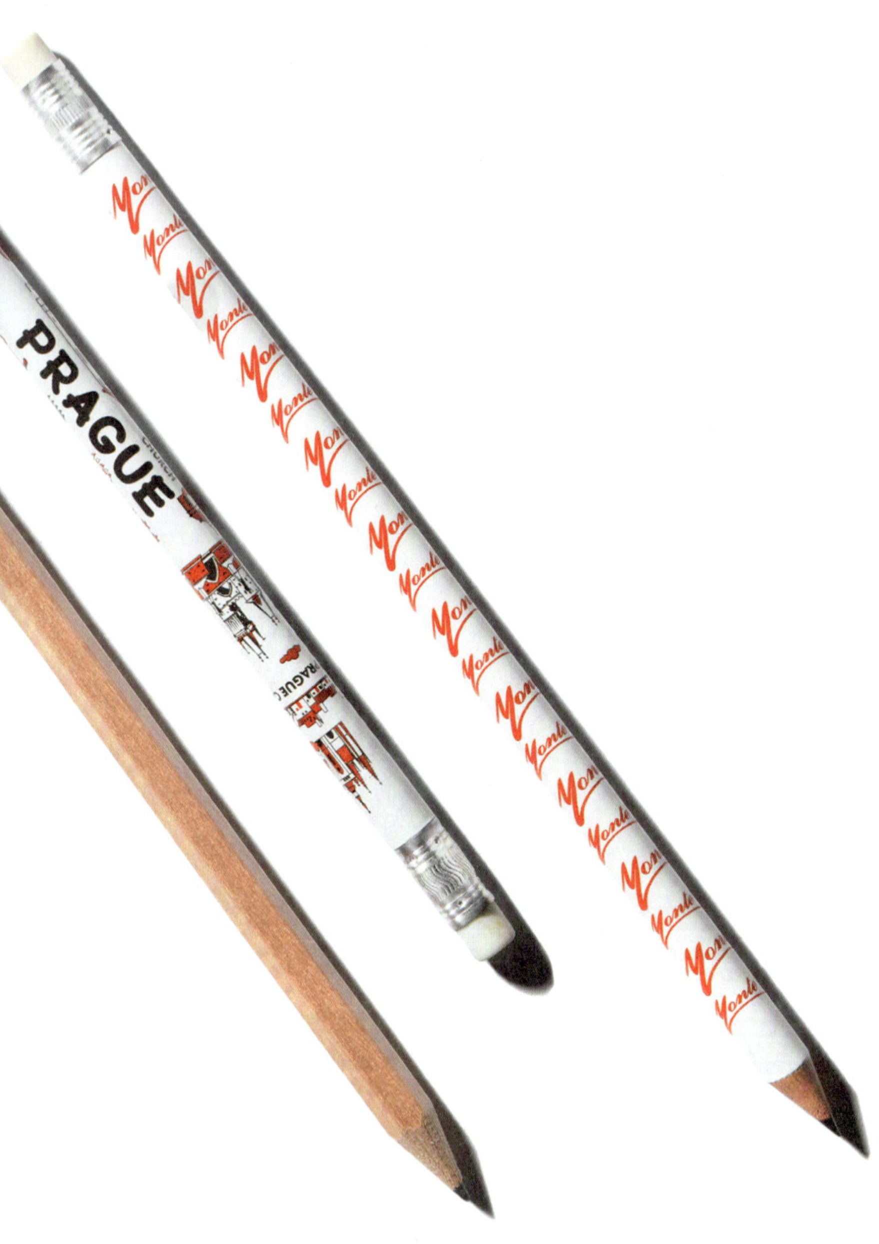

The Designer's Pencil

'그 사람이라면 어떻게 했을까', '이런 상황을 격려할 문구가 어디 있을까' 하며 책장을 뒤지는데 시간을 보낼지도 모를 일이다.

내 나이, 청춘이 부러운 까닭은 오직 그들이 꿈이 있다는 것과 그 꿈이 자라날 시간이 있다는 점 때문이다. 위대한 철학자의 이야기가 인생을 살아가는데 힘이 되는 것은 사실이지만, 단지 그들의 생각을 달달 외우며 절대적인 지침으로 삼아서는 안 되는 이유다. 그들은 곤경에 빠진 이들에게 여러 장의 카드를 제시할 뿐이며, 그 순간 선택은 오롯이 자신의 몫이다.

The Designer's Pencil

소주 한 잔

대학에서 선생과 제자로 만난 인연이 회사까지 이어지는 경우가 있다. 그렇게 함께하게 된 직원들은 아무래도 한 번 더 눈길이 간다. 고군분투하며 편집디자인의 기본기를 익히는 과정을 보면, 일견 안쓰럽기도 대견하기도 하다.

물론 만남이 있으면 헤어짐도 있다. 1년여쯤 지나 제법 디자이너 티를 입은 제자들은 둥지를 떠나는 어린 새들처럼 조심스레 퇴사 의사를 밝혔다. 이유를 들어보면 대부분 '편집디자인이 적성이 아닌 것 같아서' '웹디자인이나 브랜딩 같은 다른 분야에서 일해 보고 싶어서'다. 젊은이들의 마음 또한 이해가 간다. 접하지 못한 분야에서 새로운 것을 배울 수 있는 장점도 분명하다. 하지만 그런 제자들을 바라보는 마음 한켠에는 늘 말로 할 수 없는 안타까움이 자리했다.

'좀 더 멀리 보면 좋을 텐데…' '아직 배우고 익혀야 할 것이 많은데…' 그들은 물이 나오지 않는다고 여기저기 우물을 파고 있었다. 혹은 산 중턱쯤 올라와 다 봤다고 다시 내려가려고도 했다. 해주고 싶은 말은 많지만, 대부분 다음을 기약하며 작별인사를 나눈다. 나도 그랬듯 직접 겪지 않으면 알 수 없는 것

The Philippines

들이 있다. 몇 해 지나 다시 만난 자리에서 '대표님 말씀이 맞더라고요' 하며 반갑게 소주 한 잔 나누는 것도 괜찮으리라.

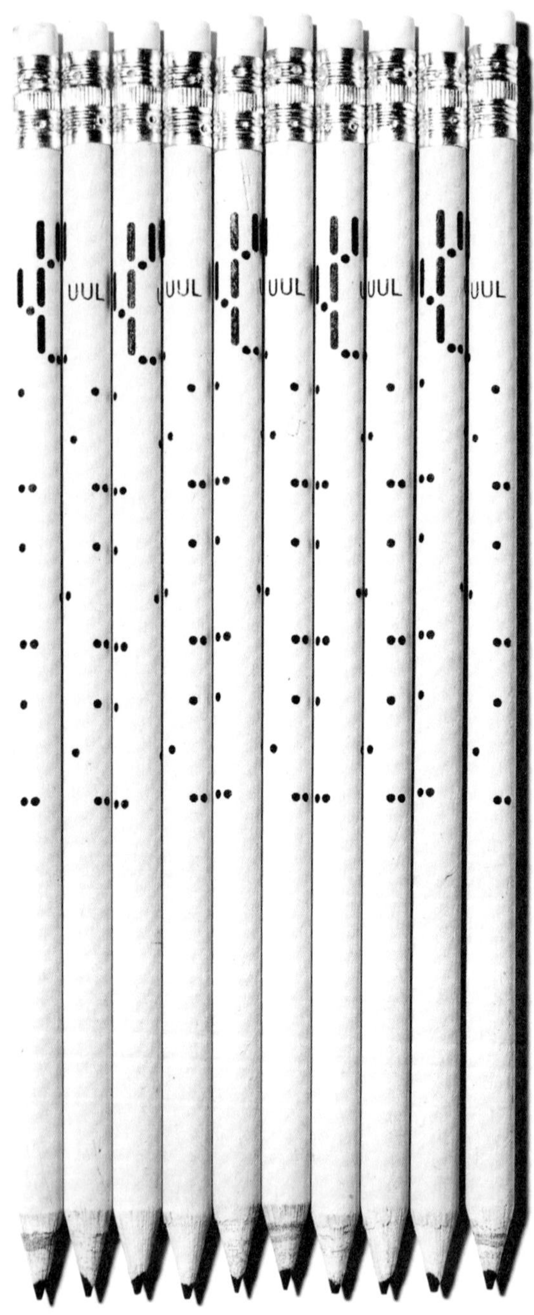

The Designer's Pencil

다음 한 수를 보다

어떤 일에 실패했을 때 '역시 나는 안 돼'라며 쉽게 포기하는 사람들을 종종 본다. 보통 새로운 분야에 호기롭게 도전했다 나가떨어진 사람들이다. 나는 그들의 어깨를 두드리며 이런 이야기를 건네고 싶다. 오늘은 실패할 수도 있다고, 그러니 포기하지 말라고. 오늘의 실패가 다음의 성공을 끌어낼 거라고 말이다. 나 역시 20여 년간 디자인 사무실을 운영하며 숱한 어려움과 고비를 맞았다. 새로운 분야에 도전할 때는 관련 실적이 없어 열심히 준비하고도 기회조차 얻지 못할 때도 있었다. 하지만 좌절하지 않고 때를 기다렸다. 차곡차곡 배움을 쌓으며 기회를 만들었다. 올해가 아니면 내년, 내년이 아니면 내후년에라도 해내겠다는 확신으로 최선을 다했기에 지금은 다양한 분야의 포트폴리오를 갖춘 회사로 성장할 수 있었다. 만약 순간의 위기를 면하고자 좌절하고 회피했다면 지금의 나, 그리고 회사가 존재할 수 있었을까?

새로운 분야에 도전하는 사람들은 처음부터 성공을 꿈꾸지만, 나는 시행착오란 예정된 수순이라고 생각한다. 어느 분야든 일정한 수준에 오르기까지는 어느 정도의 지식을 쌓아야 한다. 지식이 쌓이지 않으면 결과를 내기 어렵다. 그런데 사회는 학교와는 달라서, 교과서를 일독하며 차례대로 습득하는 방식과 달리 필요한 것을 스스로 알아내고 익히는 수밖에 없다. 직접 뛰어들어 부딪히고 경험해야 하는 것이다. 그런데 몇 번 실패했다고 서둘러 포기한다면 그대로 끝나버릴 수밖에 없다. 툭툭 털고 일어나 다시 도전하는 용기, '하면 된다'는 긍정적인 자세가 필요한 이유다. 실패는 성공을 향한 필연적인 과정이기 때문이다.

LONDON
Tower Bridge
Abbey
Houses of Parliament & Big Ben
Circus
PARIS
PAR

사용자를 위한 디자인

굿 디자인의 정의를 단박에 내릴 수 있을까. 좋은 디자인은 때로 불편한 디자인일 수 있다. 사용자의 입장에 서면 나는, 아름다움을 위해서 기꺼이 불편한 디자인을 감수할 수 있는 사람이다. 반면 디자이너로서는 반대가 된다. 오히려 사용자를 생각해 개선이 필요한 아주 작은 부분들까지 보게 된다. 가령 '이 주물 냄비의 곡선미는 완벽하지만, 여성이 사용하기에는 손잡이가 좀 불편하겠다' 라거나, '이 1인용 소파는 심미적 관점에서는 구매욕을 자극하지만, 오래 앉기에는 시트가 너무 좁은 것 같은데' 와 같은 생각들이다. 즉, 최상의 디자인을 위해 포기된 부분들에 대한 역셈인 셈이다.

이러한 일련의 변화들을 보면 디자인이란, 색채나 모양 그 자체에만 국한되는 것이 아니다. '누가 사용하는가', '어디에서 사용하는가', '어떠한 목적으로 사용하는가' 에 따라 수많은 고민이 이어진다. 이런 세심한 배려를 바탕으로 형태나 크기, 색깔에 변화를 주었다면, 그 디자인이야말로 그저 외형을 아름답게 드러낸 디자인과 견주어 당당히 굿 디자인의 한 자리에 이름을 올릴 수 있지 않을까.

The Designer's Pencil

이러한 고민들은 편집디자인 분야에서도 늘 있어왔다. 그래서 아트 디렉터와 디자이너들은 오늘도 더 좋은 디자인을 위해 소리 높여 싸우는 중이다. 디자이너들은 어느 매체에서나 긴장감 있는 폰트 사이즈와 간격, 레이아웃을 선호하지만 이 역시 매체의 독자 분석을 통해 좀 더 사려 깊게 선택되어야 한다고 나는 믿는다. 그 '사려 깊음'이 오늘날 디자인이 각광받는 이유이자, 동시에 디자인업계가 더욱 오래 살아남을 수 있는 길이기도 하니 말이다.

The Designer's Pencil

나를 설명하는 일

자신이 하는 일에 대해 자부심을 가진 사람을 만나는 것은 매우 즐거운 일이다. 예를 들어 카페에 들렀을 때 바리스타가 완벽한 커피 한 잔을 만들기 위해 열중하는 모습을 보고 있노라면 디자인을 구상할 때 못지않게 가슴이 뛰곤 한다. 그리고 그 완벽한 한 잔의 커피를 나에게 서브하며 원두의 종류와 커피 추출 방식에 대해 설명하는 그의 눈빛은 나를 한껏 들뜨게 한다. 그 바리스타의 행동은 고객을 기쁘게 함은 물론, 스스로에게는 본인의 일에 자부심을 더하는 일일 것이다.

나 역시 종종 나의 일을 설명해야 할 때가 있다. 모임에서 새로운 사람들을 소개받을 때나, 외국에 가서 현지인을 만났을 적에 그렇다. 그때마다 단번에 설명하기 어려운 '디자인'이라는 영역과 '디자이너'라는 직업에 대해 다시 한번 생각하게 된다.

'디자인'은 프로젝트 준비부터 레이아웃, 타이포, 인포그래픽스, 인쇄 및 제책에 이르기까지 시스템과 구성요소도 복잡하지만, 사람들 간의 의견 조율을 비롯하여 기획자, 포토그래퍼, 작가와의 협업 등 신경 써야 할 부분 또한 한두 가지가 아니다. '디자인 프로세스가 최상일 때 예술, 과학과 문화에 대한 열망을 채워준다'고 한 제프 스미스(Jeff Smith)의 말을 굳이 예로 들지 않더라도 감히 나는 디자인을 종합예술이라고 부르고 싶다.

'내가 하는 일을 타인에게 설명하는 일.' 나는 이것이 매우 중요한 과정이자 절차라고 생각한다. 직업의 타이틀 이면에 숨은 가치와 노력을 표현하는 시간을 통해, 내 일을 조금 더 사랑하게 되었다.

The Designer's Pencil

보이지 않는 디자인

보이지 않는 디자인? 장난처럼 들릴지 모르겠지만 무엇이든 과장하고 부풀리는 이 시대에 한 번쯤 돌이켜볼 화두다. 요즘은 무언가 눈에 보이지 않고 약하게 느껴지면 쳐다보지도 않는다. 같은 말도 격하고 튀게 해야 하고 이미지도 시선을 어디에 두어야 할지 모를 정도로 여기저기 치장을 해야 요즘 말로 좀 먹힌다.

나는 편집디자인 회사를 설립하면서부터 미니멀리즘을 지향했다. 디렉팅을 하면서 다양한 폰트와 컬러, 이미지 등을 페이지 가득 넣어놓은 디자인을 보면 시간이 걸리더라도 다시 할 것을 주문했다. 그렇게 한 권 한 권 책자를 디자인하며 디자인소호만의 아이덴티티를 만들어 갔다. 고집스럽게도 원칙을 지켜간 이유는 단 하나다. 디자인의 기본에 충실하기를 원했기 때문이다. 디자인의 존재 이유를 생각한다면 폰트라는 요소 하나만으로 디자인을 해도 훌륭한 디자인을 만들어 낼 수 있다.

이는 비단 편집디자인에만 해당하는 이야기가 아니다. 스티브 잡스는 생전 파란 청바지와 검은 스웨터 하나만으로 자신의 스타일을 만들었다. 만약 스티브

잡스가 철마다 화려한 색상의 옷으로 치장했더라면 오늘날 대중은 그를 어떤 이미지로 기억할까. 제품디자인 하나를 보더라도 정체를 알 수 없는 시선 끌기식 디자인보다는 작은 부분이라도 제품의 특징과 요소를 잘 살려낸 디자인이 훨씬 낫다고 할 수 있다. 일상생활에서도 마찬가지다. 무조건 새것보다는 시간이 흐르면서 만들어지는 고유의 보이지 않는 가치가 디자인의 멋을 더한다.

그래서 난 명품이나 트렌드를 좇는 제품을 구입하지 않는다. 발이 편한 구두를 10년 넘게 신고, 우연히 찾아 들어간 시장에서 디자인이 멋진 싸구려 모자를 사기도 한다. 지금의 회사 건물을 지을 때는 처음의 세련됨이 유지되기보다는 시간이 흐르면서 빈티지한 느낌이 더해지길 원했다. 그래서 입간판은 쉽게 녹이 스는 철을 소재로 하여 회사 이름을 붙여넣었다.

디자인이 과한 시대다. 아름답고 화려한 것만 추구하기보다는 표현하고자 하는 대상의 정체성을 더욱 빛낼 수 있는, 보이지 않는 디자인의 가치가 더 중시되었으면 좋겠다.

The Designer's Pencil

시대와 교감하는 디자인

얼마 전 일이다. 아들과 함께 한 시간 거리에 있는 아울렛에 가던 참이었다. 하나뿐인 아들이 외국에서 오래도록 공부하고 있는 터라, 모처럼 둘만의 교외 나들이가 즐겁기만 했다. 이런저런 이야기를 나누며 아울렛 근방에 도달했을 때였다. 아들의 당혹스러운 목소리가 들려왔다. "아버지, 눈앞에 보이는 저 건물이 아울렛인가요?" 왜 그러느냐는 물음에 되돌아온 답변은 당혹스러웠다.

아울렛 외벽에 페인팅 된 그래픽 디자인이 마치 게이 빌리지(The Gay Village)를 연상시킨다는 것이었다. 사용한 세 가지 색상은 물론, 그 활용법까지 똑 닮아 아니라고 말할 수 없을 정도란다. 내가 놀란 이유는 따로 있었다. 몇 해 전에 같은 곳을 방문하며 나 역시 같은 생각을 했었기 때문이다. 아마도 디자이너 누군가, 성 소수자를 상징하는 레인보우 플래그를 보고 마음에 들어 그대로 갖다 쓴 것 같았다.

The Designer's Pencil

아아, 내가 안타까움을 느낀 지점은 노골적으로 베낀 디자인에만 있는 것이 아니었다. 디자이너로서 본인이 한 디자인의 의미조차 알지 못한 채, 그저 그럴듯하게 만들어냈다는 점이다. 그 지점에서 나는 실망했고, 조금은 서글펐다. 디자인은, 대부분의 사람들이 생각하는 것처럼 단순히 보기 좋게만 만드는 것이 아니다. 아름답기만 한 미사여구도 아니다. 오로지 클라이언트의 니즈만 반영한 제품은 폭력적이기까지 하다.

"사물을 그저 아름답게 만드는 것에 모든 노력을 기울이는 건 인류에 대한 죄악이다."

디자이너들의 사회적 책임을 강조한 빅터 파파넥(Victor Papanek)은 말했다. 현대 사회에서는 '의미' 없는 디자인만이 이루어지고 있으며, 디자이너들이 세상에 대한 책임감을 가져야 한다고 말이다. 그의 말처럼, 좋은 디자이너라면 항상 자신이 만든 디자인이 세상에 미칠 결과를 염두에 두어야 한다. 디자이너 자신이 만든 디자인, 혹은 제품이 어떤 반향을 일으킬지에 대한 책임 의식

The Designer's Pencil

을 가져야 한다. 시대와 교감하고, 이면의 의미들을 읽어내려는 노력 역시 계속되어야 한다. 디자인을 통해 세상에서 무엇을 할 수 있는가, 또 그것이 선(善)의 역할을 할 수 있는가. 거기에 바로 디자이너의 사회적 책임이 있는 까닭이다.

The Designer's Pencil

이제는 신의 차례

인지도에 따라 주어지는 프로젝트도 있지만, 편집디자인업체는 입찰경쟁을 통해 사업을 수주하는 경우가 많다. 늦가을부터 겨울이 지날 때까지를 흔히 '성수기'라 부른다. 이 시기, 피 말리는 경쟁 프레젠테이션이 이어지는 탓이다. 일주일에서 열흘 정도의 준비과정을 거쳐 한 건의 PT를 마치고 나면 다크서클이 턱밑까지 내려온다. PT와 PT 사이, 조금은 홀가분한 기분으로 직원들과 치킨과 맥주 한 잔을 하며 이런저런 후일담을 쏟아낸다. 경쟁사에 대한 것부터 준비과정에 있었던 비화까지, 회식 자리에 올라올 법한 소소한 이야기들이다. 그 속에는 물론 웃고 넘길 에피소드도, 뼈아픈 자기반성도 있다. 때로는 누가 잘했고 못 했고 하는 뒷담화 위주의 말들이 나오기도 한다. 할 말들이야 많겠지만 그날 이야기는 그 자리에 끝낸다. 다음날까지 끌고 오지 않는다. 뒤돌아보는 말이 멀리까지 달릴 수 있겠는가.

The Designer's Pencil

프로젝트 수주 여부를 떠나 직원들의 처진 어깨 한번 두드려주고, 서로의 눈을 보며 숨 고르기 하는 시간은 그 자체로 의미를 지닌다. 중요한 것은 그 순간에 집중해 얼마나 최선을 다했느냐 하는 것이다. 내가 버릇처럼 하는 말이 있다. "주사위는 이미 던져졌다. 이제는 신의 차례다."

The Designer's Pencil

길은 계속되어야 한다

모두를 위한 디자인

리더의 품격

연필 컬렉션

그땐 그랬지

팔지 않는 디자인

강단에 설 때

저녁이 있는 삶

가나자와에서 생긴 일

붓끝에서 마음이 배어나다

요리와 디자인 사이

Mix & Match

자연에서 빌린 소품들

독일행 비행기

아티스트로 산다는 것

The Designer's Pencil

leopard
2B
O'BON
Protect Wildlife
snake
2B
O'BON
Protect Wildlife

The Designer's Pencil

The Philippines
The Philippines
The Philippines
The Philippines
The Philippines

The Philippines
The Philippines
The Philippines

Fiesta Crafts

CAM.BODIA
CAMBOD
CAMBODI
CAMBO

The Designer's Pencil

ADEL
blackline
MADE IN TURKEY
8 690826 112913

The Designer's Pencil

길은 계속되어야 한다

"어떻게 하면 디자인을 잘할 수 있죠?" 편집디자인회사 CEO라고 하면, 사람들이 흔히들 묻곤 한다. 그럴 때마다 나는 곤란한 미소를 짓는다. 편집디자인을 시작한 이래 늘 고민하는 명제지만 '좋은 디자인'에 대한 결론은 쉽게 내리기 힘들다. 다만 세상의 모든 디자인이 천재 디자이너의 머리에서 기적처럼 튀어나오는 것은 아니다.

게다가 사람들의 기대와 달리 갓 태어난 디자인의 모양새란 작고 소박하기 그지없다. 거기에서 포기해버리면 그 자체로는 아무것도 아니다. 불완전 속에서 일말의 가능성을 찾는 것이 디자이너의 몫이다. 문득 가능성이 엿보이는 씨앗을 발견했다고 해서, 아직 끝난 것이 아니다. 그 씨앗을 심고 물을 주고 햇볕을 쪼이고 비를 막아주는 수고로움 끝에 비로소 조그마한 새싹으로 자라나는 것이다.

The Designer's Pencil

편집디자이너가 능동적인 생각을 할 때, 객관적인 시각에서 정보를 분석하고 시각적으로 가장 적절한 아이디어를 편집디자인이라는 그릇 안에 담을 수 있다. 이러한 편집디자이너의 자세를 나는 '에디팅 마인드(Editing mind)'라 이름 붙였다. 그리고 이 에디팅 마인드야말로 '좋은 디자인'에 대한 명징한 해답이 되어줄 것이다.

나는 어떠한 일이든 평범함 속에 비범함이 숨어있다고 믿는다. 에디팅 마인드를 가진 디자이너 역시 천재 디자이너를 지칭하는 것이 아니다. 단지 평범함 속에서 비범함을 찾기 위해 노력하는 디자이너일 뿐이다. 아름드리나무 한 그루와 같은 위대한 디자인이 탄생하기까지 우리의 여정이 계속되어야 한다는 마음가짐, 그것이 바로 에디팅 마인드다.

The Designer's Pencil

모두를 위한 디자인

경북 청양군에 가면 고추가, 경기도 장호원에 가면 복숭아가 주렁주렁 열려 있다. 들판이나 과수원 풍경이 아니다. 바로 거리를 수놓은 가로등 이야기다. 2007년을 전후로 공공디자인 붐이 일면서 대한민국은 대규모 디자인 공사에 돌입했다. 디자인 거리 조성을 위한 캠페인성 정책으로 힘 있는 정치가와 기업 대표, 지역단체장 등이 모여 벌인 일들이었다.

지자체들은 이러한 독특한 모양의 가로등들이 지역 특산물을 홍보하고 지역 경제 활성에 보탬이 된다고 자평했다. 그 결과 너나 할 것 없이 이 열풍에 동참했다. 도시 미관을 정돈하겠다는 이유로 이루어진 간판 규격화 작업도 비슷한 경우다. 그 결과는 어떤지. 저마다의 색깔로 생동감 넘치던 도시의 풍경을 오히려 천편일률적으로 만든 듯하다.

도시 디자인은 국가 아이덴티티는 물론 향후 100년의 비전을 갖고 각계 전문가들이 모여 디자인 밸런스를 맞춰야 하는 중대 사안이다. 많은 전문가들이 그저 시류에 편승하는 듯한 도시 디자인정책에 우려를 표하는 이유다.

The Designer's Pencil

나 역시 같은 생각이다. 도시는 역사를 머금은 살아있는 유산이다. 다리나 간판, 가로등과 같은 디자인 시설물들이 오히려 뛰어난 지역경관을 해치고 있으니 얼마나 안타까운 일인가. 지방 출장으로 장시간 운전을 한 날이면, 그날 본 괴이한 모양의 가로등이 늦은 밤까지 머릿속을 맴돌았다.

문득 유럽의 작은 항구도시가 떠오른다. 크로아티아에 위치한 항구도시 자다르는 음악이 흘러나오는 방파제 '바다 오르간'으로 유명하다. 방파제의 보도 아래에는 75미터 길이의 파이프가 수십 개 설치되어 있어, 파도가 출렁일 때마다 신비로운 오르간 소리를 낸다. 파도의 크기와 속도에 따라 각기 다른 음을 연주하니, 바다가 연주하는 오르간인 셈이다.

겉으로 드러나는 화려한 사인물이나 거창한 건축물도 없다. 대신 자연과 어우러진 자연스러운 공간이 있을 뿐이다. 그럼에도 불구하고 수많은 관광객이 자연이 연주하는 바다 오르간 소리를 듣기 위해 자다르 방파제를 찾는다. 이처럼 바다 오르간은 공공디자인이 도시의 풍경을 얼마나 생기 있게 바꿀 수 있는지

The Designer's Pencil

를 보여주는 단적인 예다. 그저 화려한 모양새로 기존의 것을 바꾸려 하거나, 주변 환경과 상관없는 무언가를 가져다 놓는 것이 아닌 고유의 본질과 가치에 집중한 진정성이 느껴지기 때문이다.

한국에서의 공공디자인은 이제 시작이다. 막 변화를 위한 첫 발걸음을 뗐다는 뜻이다. 더하기보다 덜어내는 디자인, 자연스러움을 살리는 디자인, 고유의 가치를 보존하는 디자인 생각을 가진 사람들이 목소리를 내주길 바란다.

The Designer's Pencil

리더의 품격

돌아보면 그저 처음엔 편집디자인이 좋아서 시작한 일이었다. 열정이 사람을 모았고, 사람이 일을 불렀다. 새로움을 위한 욕심만큼, 포트폴리오도 쌓여갔다. 올해로 창립 23주년을 맞이한 회사는 어느새 규모도 매출도 훌쩍 자랐다. 수많은 사람의 땀과 노고가 모여 오늘에 이르렀음을 나는 한 순간도 잊어서는 안 되었다.

좋은 회사를 만들고 싶었다. 크리에이티브를 지향하는 집단인 만큼, 즐겁고 자유로운 기업문화가 바탕이 되어야 한다고 생각했다. 더불어, 함께 땀 흘린 사람들과 더 많이 나누고 싶었다.

과거의 리더십은 수직적이고 맹목적이었다. 카리스마를 지닌 리더가 권력을 가진 자리에 오르면, 그 지위를 이용하여 구성원을 통솔한다. 구성원들은 자원과 정보가 중앙으로 집중된 상황에서 리더의 말에 따를 수밖에 없었다.

그러나 시대는 변했다. 단지 리더라는 이유로 누구나 앞뒤 분간 없이 따르지 않는다. 리더에게 리더의 자격이 있는가에 대한 판단에 설 때 사람들도 움직인다.

The Designer's Pencil

즉 오늘날 리더십은 리더로부터 나오는 것이 아니라, 구성원이 부여할 때 비로소 주어지는 것이다. 힘이 되는 정보 역시 기업 구성원 모두 적극적으로 공유하는 것이 위기관리를 위해 효과적이라는 주장이 우세하다.

이러한 흐름에 맞추어, 우리 회사는 팀장 이하 모든 직급을 PM(기획자), PD(디자이너)로 통일하고 수평적인 관계에서 일할 수 있도록 했다. 더불어 팀제를 운용하면서 프로젝트 성과는 함께 공유하고, 위기는 앞서 관리하는 분위기가 빠르게 정착됐다.

물론 과정에서 시행착오도 있었다. 거창한 것을 시도했다가 초장에 접은 적도 많다. 그럼에도 불구하고 앞으로도 도전과 변화는 계속될 것이다. 중요한 것은 초심을 잊지 않고, 주저앉지 않고 한 발짝씩 앞서가겠다는 마음가짐이다. 나는 영원히 그런 리더이고 싶다.

The Designer's Pencil

연필 컬렉션

수집은 크리에이터들의 취미 중 하나다. 나에게도 영감을 불러일으키는 나만의 컬렉션이 있으니 바로 '연필'이다. 하찮은 취미 정도로 여겨질 수 있을 나의 수집은 1997년 어느 날 시작됐다. 여행을 다녀온 지인이 연필을 몇 자루 선물했는데, '이 얄따란 면 위에도 이토록 창의적인 디자인이 가능하구나' 하고 감탄하게 된 것이다. 대부분의 사람들에게 연필은 값싸고 흔해빠진 물건일진대, 나에게는 반대로 큰 흥미를 불러일으켰다. 너무나 사소해서 소외된 것에 대한 관심이라고 할까. 제 몸을 깎음으로써 가치를 제공하는 연필이, 가녀린 외양과는 대조적으로 대단하게 느껴진 것도 있다. 스스로가 그림이나 편지 등 작품의 도구가 되어 메시지를 만든다는 점에서 근원적이고 원초적인 매력을 느낀 것이다.

내 이런 취미를 아는 지인들은 여행지에서 돌아오며 내게 각국의 연필을 선물하곤 한다. 주는 사람들은 작은 선물이라며 겸연쩍어하지만 내게는 커다란 의미로 다가온다. 한 자루 한 자루의 연필들이 그것을 선물한 사람들의 얼굴로 기억될 정도다.

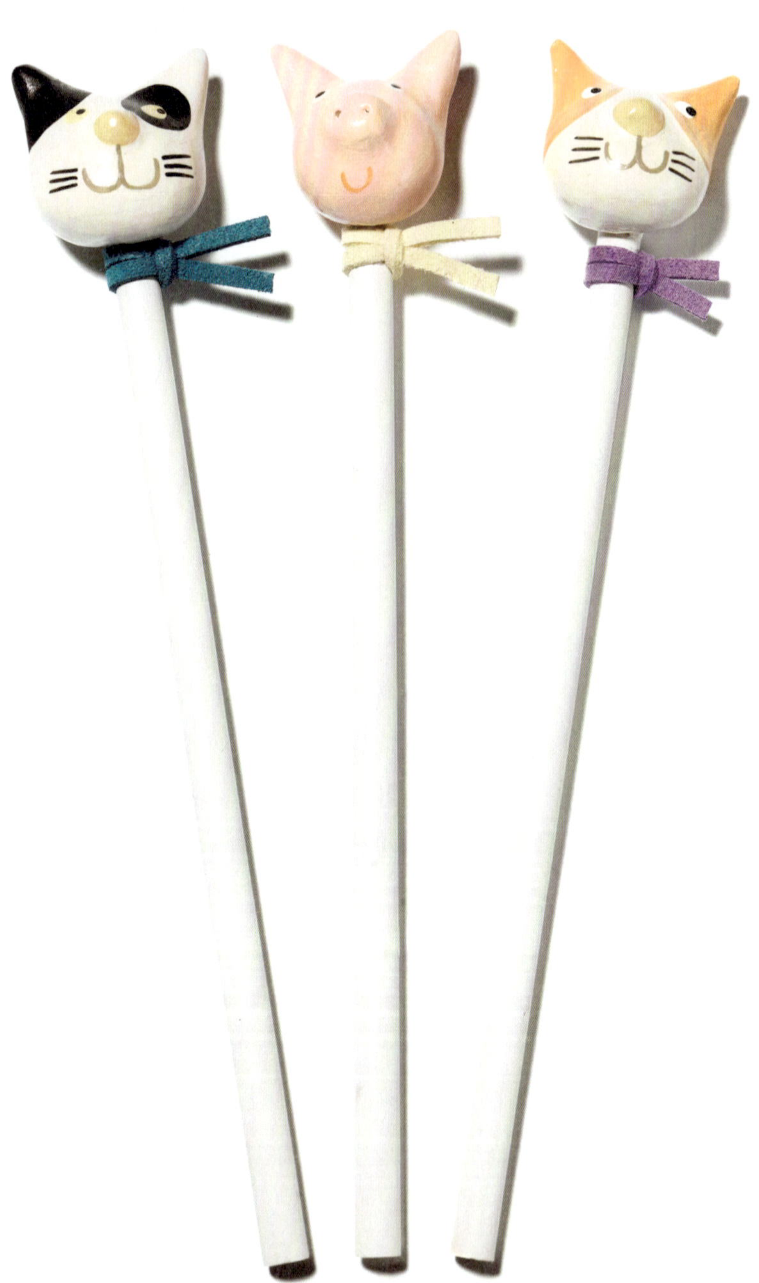

The Designer's Pencil

도중에 사백여 자루 정도의 연필을 잃어버리는 사건도 있었다. 연필의 개수가 많아지다 보니, 일부를 커다란 박스에 담아 나의 사무실 한편에 보관했는데 감쪽같이 사라진 것이다. 안타깝기는 했지만 수집을 그만두지는 않았다. 수집 자체를 대단한 취미로 여기기보다는 사람들과의 커뮤니케이션이자, 소통의 산물로 생각했기에 그랬던 듯하다.

이후에 다시 눈에 보이는 대로, 또 지인들의 고마운 관심으로 한 자루 한 자루 모으다 보니 천 자루 이상의 컬렉션이 완성됐다. 더불어 이 한 권의 책을 아우르는 어엿한 디자인 요소로 쓰임 받았으니, 이보다 더 기쁠 수 있을까.

꽃에 이름을 붙였더니 나에게로 와서 의미가 되었다고 했던가. 이 낭만적인 의미화는 앞으로도 내 인생의 중요한 한 단면으로 계속될 것이다.

그땐 그랬지

좋아서 시작한 일이지만, 좋기만 했던 것은 아니다. 좋은 일만 할 수 없었기 때문이다. 우리 일은 특성상 크리에이티브를 표현할 창작물보다는 클라이언트의 발주를 받아 진행하는 일이 대부분이다. 기획 방향과 맞지 않는다는 이유로, 너무 튄다는 이유로 혹은 성의가 없어 보인다는 말도 안 되는 이유로 버려진 디자인 시안들이 얼마던가. 20여 년 동안 준비한 시안들만 쌓아놔도 조금 과장해서 63빌딩 높이는 될 것이다. 몇 날 며칠을 밤새며 준비한 디자인 시안이 몇 초 지나지 않아 한쪽으로 치워질 때의 그 착잡함이란.

사무실을 오픈할 당시는 그래도 지금보다 사정이 나았던 것 같다. 환경은 지금보다 훨씬 열악했지만, 대신 잘해 보겠다는 열정이 있었고, 문제가 생기면 더욱 파고드는 끈기가 있었다. 가끔은 디자인 콘셉트를 설득하지 못해 적당한 선에서 타협할 때도 있었지만, 대부분은 좋은 결과물을 만들어 내는 데 무리가 없었다.

돌이켜보면, 그럴 수 있었던 가장 큰 이유는 직접 만나 소통한 데 있지 않나 싶

The Designer's Pencil

다. 인터넷도 퀵서비스도 없던 시절이었다. 결재를 위해서는 반드시 만나야 했고, 충분히 이야기를 주고받으며 방향을 맞추어갔다. 때론 설전(?)을 벌인 뒤 포장마차에 앉아 소주잔을 기울였다. 담당자들도 대부분 인문학과 출신이라 충분히 교감할 수 있던 시절이었다.

요즘은 그런 상황을 기대하기 힘들다. 기가 인터넷으로 소통하는 세상이니 무슨 말을 더 할까. 나도 모르는 다양한 경로로 소스를 받고, 다시 결과물을 전송한다. 자연스레 소통의 양은 줄어든다. 그런 상황에서도 의도를 파악하고 좋은 작품을 만들어내려 노력하기는 하지만, 한번 꼬이면 문제 해결의 실마리를 찾기란 쉽지 않다.

그래서일까. 이렇게 편리한 시대를 살면서 자꾸만 뒤돌아보는 까닭은. 탁자 앞에서 믹스커피 한 잔 받아들고 눈빛을 주고받던, 프린트물을 들여다보며 설왕설래하다 무슨 생각이라도 났는지 서로 무릎을 '탁' 치던 그때. 그 순간의 희열을 나는 아직 잊지 않고 있다.

TAIWAN
The Rock landscape of Yehliu Geopark
Learning, exploring and experiencing nature

팔지 않는 디자인

내가 가진 재능으로 사회를 이롭게 한다는 것만큼 멋지고 축복받은 일도 없으리라. 편집디자인으로 밥을 벌어먹고 산다지만, 나는 늘 그보다 더 큰 이상을 꿈꾼다. 회사를 운영한 지 십여 년이 지났을 무렵 사업 규모와 매출은 꽤 안정적으로 유지되고 있었다. 하지만 뭐랄까, 가슴 한구석에서는 갈증이 가시질 않았다. '이제껏 사회로부터 많은 것들을 받아왔는데, 정작 나는 무엇을 나누었나' 하는 생각이 똬리를 틀었다.

당시 서울예술대학 겸임교수로 강의를 나가던 중 우연히 제자들의 벽화봉사활동에 따라나서게 되었다. 강의실에서만 보아 오던 녀석들이 제대로 하고는 있는지 궁금하기도 하고, 나 역시 사회봉사에 흥미가 생기던 차였다. 무더위에 연신 땀을 흘리면서도 즐겁게 제 몫을 해내는 제자들을 보며 돈으로 환산할 수 없는 가치란 무엇인지 체감할 수 있었다. 가벼운 관심으로 참여한 일이었건만 1박 2일간의 봉사활동은 어느덧 책임감마저 느끼게 했다. 고민은 더욱 깊어져만 갔지만 좀처럼 뾰족한 수가 떠오르지 않았다. 인원도 많지 않은 회사에서

The Designer's Pencil

바삐 일하는 직원들에게 "우리 함께 봉사합시다" 하고 선뜻 말을 꺼낼 수가 없었던 것이다.

그렇게 시간만 흘려보내던 어느 날, 제자들의 일러스트레이션을 검토하다가 문득 이런 생각이 들었다. '여느 기업들이 하는 일반적인 기부나 봉사 말고, 편집디자인회사만이 할 수 있는 방식으로 나눔의 가치를 표현해보면 어떨까?' 이전부터 우리 회사는 장기적인 브랜드 홍보의 일환으로 자체 디자인 노트를 제작하고 있었다. 당시만 해도 디자인전문회사가 자사의 홍보물 프로모션을 한다는 인식이 전무한 때였다. 가만히 있어도 일이 밀려들어 눈코 뜰 새 없는 판국이라지만 당장 내일을 살아내는 게 아닌 20년, 100년을 이어가기 위해서는 기업 고유의 브랜드 가치를 세우는 게 중요하다는 것이 나의 판단이었다.

나는 브랜드 홍보에 더해 숙원이었던 '사회 기여'의 뜻을 결합하기로 결심했다. 한번 물꼬가 트이자 그간 마음속에 담아두었던 아이디어들이 물밀 듯 쏟아져 나왔다. 사회를 생각하되 남들이 선뜻 시도하기 어려운, 흔치 않은 가치를 다뤄

U K
Tour Eiffel

야 했다. 그리고 그 가치를 두고두고 떠올릴 수 있어야 했다. 그리하여 탄생한 작품이 바로 〈한국의 토종물고기 캘린더〉이다. 사라져가는 한국의 토종물고기를 세밀화로 표현해 담은 달력이었다. 반응은 기대 이상이었다. 주변으로부터 디자인은 물론 거기에 담긴 의미까지 호평이 이어졌다. 성공적인 첫 시도 이후 캘린더에는 한국의 야생화, 토종나무 등 자연스럽게 친환경적인 콘셉트가 적용되었다. 제작방식에도 심혈을 기울였다. 낱장 형태로 제작하거나 추상적인 그래픽에 후가공을 더하는 등 독특함을 더했다. 디자인소호의 '환경 캘린더' 시리즈는 독자들에게 더불어 사는 사회를 생각하는 우리의 가치를 효과적으로 전달하고, 임직원들에게는 편집디자인에 대한 열정에 활력을 불어넣었다. 2010년에는 kfda 디자인연감 'The Best Design 100 Collection'에 선정되는 쾌거까지 거두었다.

The Designer's Pencil

자본주의 사회에서 혹자는 돈이 되는 디자인만을 강구할지도 모른다. 하지만 크고 작은 회사들이 뜨고 지기를 반복하는 오늘날 디자인소호가 지금까지 자리를 지킬 수 있었던 것은 '팔지 않는 디자인'이 회사를 지탱하는 든든한 기둥이었기에 가능한 일이었다.

The Designer's Pencil

강단에 설 때

편집디자인 회사를 20년 넘게 운영하면서 줄곧 놓지 않고 해온 일이 하나 있으니 바로 대학 출강이다. 강의는 내 인생에 있어 애증의 대상이다. 회사 일로 바쁜 시기에는 발목을 잡기도 했지만, 끊임없이 스스로를 채찍질하여 지금의 나를 만든 또 하나의 요소이기도 하다.

처음엔 그저 우쭐한 마음이었다. 삼십 대 중반의 나이에 대학 강단에서 강의를 한다는 건, 쉽지 않은 만큼 꽤 매력적인 일이었다. 그만큼 자부심이 있었고, 때문에 열정적으로 대학을 드나들었다. 가르치는 일이 적성에도 잘 맞았다. 매주 서점과 도서관에 들러 강의자료를 준비하고 트렌드를 살폈다. 이론과 실무를 동시에 전달할 수 있다는 점이 나만의 강점이었다. 덕분에 좋은 제자들도 만날 수 있었다. 몇몇은 졸업 후 우리 회사에 입사해 함께하기도 했고, 내로라하는 기업에 입사한 제자가 어느 날 갑자기 찾아오면 그렇게 뿌듯할 수가 없었다.

강의를 통해 내가 얻은 또 하나의 결실이 있다면 '나의 성장'이다. 방학 기간을 제외하고 한시도 강의를 쉬지 않았기에 긴장의 끈을 놓을 수 없었다. 트렌드에

The Designer's Pencil

뒤처지면 안 된다는 생각에 책을 보고 전시회를 쫓아다녔다. 그리고 빼놓을 수 없는 건 제자들로부터의 배움이다. 강의 초창기에는 가르친다는 자부심이 더 컸지만 시간과 경험이 쌓일수록 제자들로부터 배우고 느끼는 바가 더 컸다. 매해 수백 명의 학생을 가르치며 디자이너로서의 다양한 생각과 자질들을 엿볼 수 있었다.

내 저서인 〈편집디자인 펴다 보다 끌리다〉 역시 이러한 통찰과 강의 경험의 산물이다. 예비 디자이너들이 필요로 하는 기본적인 이론과 예제를 수록했다는 평가와 함께 꾸준한 인기를 얻고 있는데, 이 역시 내가 강의를 하지 않았다면 쉽지 않았을 일이다.

앞으로 얼마나 더 강단에 서게 될지는 모른다. 다만 내가 강의를 하는 동안에는 늘 배운다는 자세로 제자들과 함께하고 싶다. 제자들의 눈높이에서 내가 가진 모든 것을 내어줄 때 그들도 기꺼이 나와 함께 호흡할 것이 분명하기 때문이다.

The Designer's Pencil

저녁이 있는 삶

나는 사람을 좋아한다. 직원들과의 회의시간은 나를 가슴 뛰게 한다. 지인들과의 와인 모임 역시 무수한 영감을 불러일으키는 순간의 집합이다. 오가는 눈빛과 대화 속에서 많은 것을 얻는다. 그러나 화사하게 햇볕이 드는 시간들은 급격히 에너지를 소모시키기도 한다. 사람들과 부딪치는 분주한 낮이 지나가면 내게 꼭 필요한 순간이 찾아온다. 바로 일과를 마치고 생각을 정리하는 고요한 저녁 시간이다.

인간관계를 위해서만이 아니라, 문제해결을 위해서도 꼭 필요한 순간이다. 나의 디자인 중 많은 부분이 사색의 시간을 통해 탄생한다. 사람들과의 토론과 협의를 통해 결론이 나오기도 하지만, 혼자만의 생각과 명상을 통해 해답이 얻어지는 경우도 많다.

The Designer's Pencil

군더더기를 덜어내는 것, 새로운 생각을 찾는 일, 빈 공간을 만드는 시간, 이것은 분주한 일상을 사는 내게 너무도 중요한 과정이다. 실시간으로 이뤄지는 소통, 까다로운 작업과정, 거대한 톱니바퀴가 돌아가듯 연쇄적인 일정 속에서 나만의 시간을 찾는 것은 필연이다.

파스칼도 말했다. '사람들의 불행은 혼자 조용히 방에 앉아 있을 수 없다는 사실에서 비롯된다'고. 혼자 정리할 수 있는 시간을 갖지 못하면 계속 나를 소진하는 삶을 살아가게 된다. 비우는 시간 없이 더하기만 하며 살아갈 수는 없다. 마음속 어딘가 나만의 동굴이 필요하다. 하루의 일을 돌아보고, 남을 생각하고 나를 생각하는 성찰의 시간 말이다. 그런 의미에서 나에게 밤은 낮보다 중요한 시간이다.

The Designer's Pencil

가나자와에서 생긴 일

몇 해 전 겨울, 일을 통해 알게 된 사람들과 짧은 일본행을 함께한 적이 있다. 그 여행을 통해 크게 느낀 점이 있는데, 마음과 마음이 통하고 나면 다소 불편하거나 이해하기 힘들었던 부분까지 자연스레 받아들이게 된다는 사실이었다.
디자인학과 교수, 디자인회사 대표, 디자이너, 캘리그라퍼 등등 비슷한 생각을 가진 사람들이 모여 정한 목적지는 가나자와라는 일본의 낯선 섬이었다. 미술관, 공예관, 문화거리 등 가나자와 내의 몇몇 포인트를 훑기로 계획한 아트투어는 이제껏 경험하지 못한 황당한 에피소드로 시작되었다. 갑작스러운 폭설로 고마쓰국제공항에 착륙이 어렵게 된 우리 비행기는 상공을 선회하다 연료가 바닥나 결국 나고야공항으로 방향을 돌렸다. 급유를 마치자 다행히도 눈이 그쳤고, 일정보다 3시간여 늦게 고마쓰국제공항에 도착할 수 있었다.
이런 불편함과 피로는 하얗게 내려앉은 눈 속에 불시착한 우주선 모양의 21세기 미술관을 마주하는 순간 눈 녹듯이 사라졌다. 외벽 유리를 통해 360도 파노라마 전망을 즐길 수 있고 14개의 전시실이 중앙통로로 연결된 독특한 구조

The Designer's Pencil

의 미술관 내부에는 일본 현대미술을 대표하는 작가 이노우에 유이치의 작품들이 반짝반짝 빛을 내고 있었다. 그의 탄생 100주년을 기념하는 전시 기념작들이었다. 보통의 먹으로는 시도조차 어려울 획이 지나간 흔적들을, 아교를 섞은 먹을 사용해 여실히 표현한 작품들은 금방이라도 액자를 뚫고 나올 듯 살아서 꿈틀댔다.

미술관에서 나왔을 때는 이미 해가 뉘엿뉘엿 저물었으므로, 이후의 일정은 폐업한 방적공장을 시민 예술 공간으로 탈바꿈시킨 가나자와 시민예술촌을 가볍게 둘러보는 것으로 만족해야 했다. 이어 허기진 배를 움켜쥐고 식당에 도착하니 지연된 일정으로 예약이 취소된 후였다. 다시 스물다섯 명의 일행이 다 함께 식사할 수 있는 식당을 찾기란 하늘의 별 따기였다. 결국 홍대거리 어딘가 흔히 있을 것 같은 라멘집에서 라멘, 덮밥 등 가벼운 메뉴로 허기를 달래야 했다. 몸은 고됐지만 시원한 생맥주 한 잔을 들이켜며 처음 만난 이들과 묘한 전우애를 느낀 밤이었다. 낯선 땅에서 맞이한 첫날 일정은 이렇게 마무리되었다.

The Designer's Pencil

둘째 날은 전일의 아쉬움을 달래기 위해 분주히 움직였다. 눈 쌓인 유키즈리(폭설이 잦은 지역 특성상 눈의 무게를 지탱할 수 있도록 나뭇가지에 받침을 대는 것)가 이색적인 일본 3대 정원 중 하나인 겐로쿠엔, 일본에서 생산되는 금박의 99%를 차지하는 금박공예를 볼 수 있었던 야스에 금박 공예관(金沢市立安江金箔工芸館, Yasue Gold Leaf Museum), 에도시대 게이샤들의 춤과 연주를 술과 식사와 함께 즐기던 일종의 유흥가였던 차야, 280년의 기나긴 역사를 가진 오미쵸 시장까지 문화, 예술, 전통의 도시 가나자와를 제대로 느꼈다. 낯선 사람 사이에서 다양한 가치관을 접하고, 뭐든 맛본다는 생각으로 온전히 보낸 하루였다.

2박 3일의 일정을 끝으로 인천국제공항에 도착했을 때는 앞이 보이지 않을 정도로 많은 눈이 내리고 있었다. 폭설로 시작해서 폭설로 끝난 가나자와 아트투어. 우여곡절도 많았지만 이번 아트투어가 잘 마무리될 수 있었던 바탕에는 '마음이 통하는 사람들의 집합'이라는 분명한 전제가 있었음을 깨달은 2박 3일이었다.

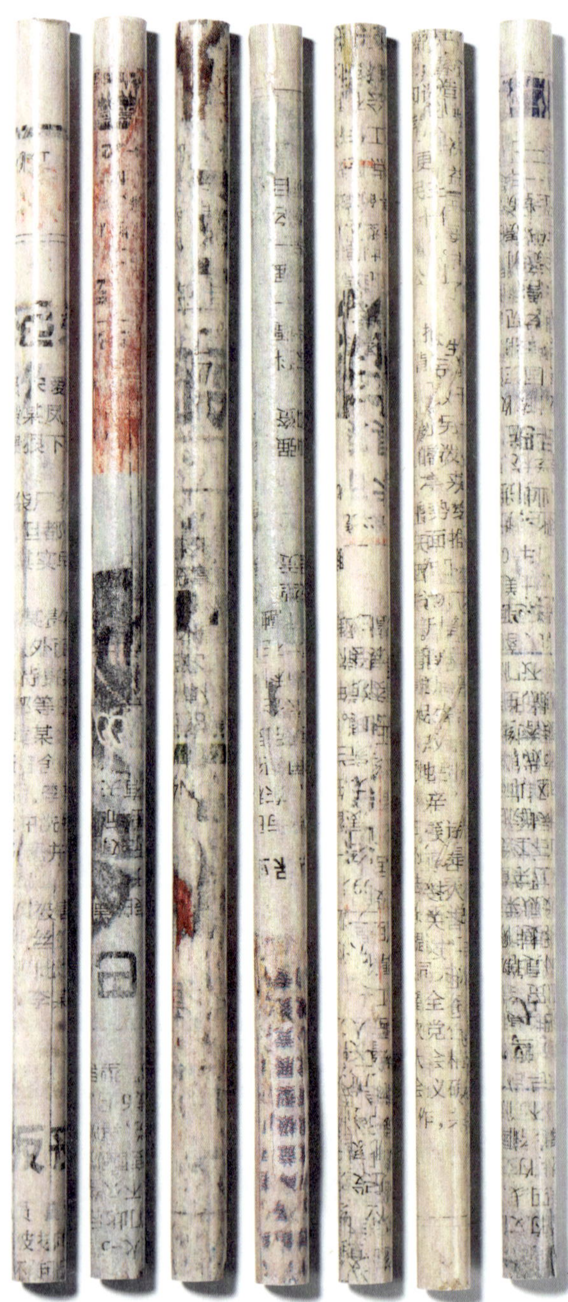

The Designer's Pencil

붓끝에서 마음이 배어나다

내가 어릴 적 아버지는 붓글씨를 쓰셨다. 유려하면서도 올곧고 단단한 필체였다. 아버지의 재능은 내게 고스란히 대물림되었다. 긴 시간 옆에서 보고 배웠기에 자연스레 서예에 관심을 가지고 성장했다. 초등학교 시절 여름방학이면 친구들은 산으로 들로 나가 뛰어놀았지만, 나는 자전거를 타고 먼 길을 달려 학교로 가곤 했다. 미술실에서 붓글씨를 쓰기 위해서였다. 3학년부터 6학년까지였을 거다. 여름방학 내내 나의 소매 끝은 먹물이 묻은 채였다. 뜨거운 여름의 햇살과 함께 가장 즐거웠던 유년기의 기억이다.

붓의 촉감, 먹의 향기가 주는 편안함과 익숙함 때문일까. 붓글씨는 캘리그래피라는 외국어로 이름만 슬쩍 바뀐 채 여태껏 내 곁에 남아 있는 취미이다.

캘리그래피는 손으로 그린 그림 문자라는 뜻이다. 의미를 전달하는 수단이라는 글자의 기본적인 기능을 더욱 크게 확장해서, 먹의 농도에 따른 독특한 번짐, 유연하고 동적인 선의 자태를 표현하는 글자체인 것. 글자에도 저마다의 얼굴이 있어서 누가 썼느냐에 따라, 어떤 의미를 담았느냐에 따라 느낌이 다르다.

The Designer's Pencil

캘리그래피는 자신만의 글씨체를 창조하여 감성을 표현할 수 있다는 점에서 큰 매력이 있다.

회사에서 발간하는 매체 중에도 표지 등에 캘리그래피가 들어가는 경우가 종종 있는데, 직원들이 대표실까지 찾아와 작품을 청하고는 한다. 그럴 때마다 나는 흔쾌히 붓을 잡는다. 단어나 문장이 가진 주제와 의미를 생각하고, 마음을 담아 한 글자 한 글자 쓴다. 가장 마음에 드는 글자를 꼽아 직원에게 건네면, 나의 작품이 담긴 책이 나오기를 기다리는 일만 남는 것이다. 설레는 순간이다.

용인으로 이사를 하면서 가장 먼저 꾸민 방 역시 캘리그래피에 몰두할 수 있는 서재였다. 캘리그래피를 쓰는 순간은 내면과 마주하는 시간이자, 스스로 위안을 얻는 시간이다. 뭉근한 먹 냄새를 맡으며 붓을 잡은 손에 집중한다. 마음이 평안해지면서 온전한 나 자신과 대면한다.

The Designer's Pencil

앞으로도 캘리그래피 작업은 꾸준히 해나갈 계획이다. 현업에서 물러나더라도 붓을 놓을 생각은 없다. 오히려 그때쯤이면 더욱 집중해서 작품 활동을 할 수 있으리라.

The Designer's Pencil

요리와 디자인 사이

최근 '쿡방', '먹방'이니 '셰프의 전성시대'니 말들이 많다. TV만 틀면 셰프들이 나온다. 프로그램에서 소개된 비법 재료들은 마트에서 동이 난단다. 미디어의 영향을 받아 실제로 집에서 요리하는 인구가 늘었다는 방증이다.

이토록 유난하기 이전부터 나는 요리를 즐겼다. 좋은 재료는 반드시 좋은 요리가 된다. 정직하고, 솔직하다. 손수 재료를 고르고, 다듬고, 음식을 만들어 소중한 이들에게 대접하는 순간이 즐겁다. 정갈하게 차린 한 상은 마치 예술작품처럼 느껴질 때가 있다. 맛있게 먹는 이들의 미소 띤 얼굴은 황홀하다. 음식에 어울리는 와인을 한두 잔 곁들이면 숨어 있던 이야기들이 술술 풀어져 나온다.

내가 요리를 사랑하는 이유는 또 있다. 무엇보다 요리가 디자인을 빼닮았기 때문이다. 우선 무엇인가를 만들기 전에 재료를 찾고 다듬는 과정부터 시작이라는 점이 그렇다. 또 두 직업 모두 겉으로 드러나는 화려한 결과만을 생각하기 쉽지만, 숙달되기까지의 과정은 고단하고 험난하다. 지난한 과정을 거치고 나야만 마스터로서 최후의 영광을 누릴 수 있다.

The Designer's Pencil

또 요리와 디자인, 두 작업 모두 최종적으로 보여지는 플레이팅이 중요하다. 아름다움은 책의 내용을, 음식의 맛을 한층 끌어올린다. 디자이너와 셰프는 독자와 고객의 미소를 느끼기 전까지 숨죽인 채 안도할 수 없다. 물론 백이면 백 모두를 만족시키기 어렵다는 점 또한 공통점이다.
이론을 달달 외는 것보다 직접 손으로 익히는 것이 중요하다는 점 또한 같다. 수많은 디자인북, 레시피 책들이 나와 있지만 손수 도전해보는 것보다 빠른 공부는 없다. 같은 관점에서, 타고난 재능만큼 본인의 열정이 중요하다는 점 또한 그러하다. 오래도록 현업에 종사해오면서, 노력이 타고난 소질을 뛰어넘는 경우를 여럿 보았다. 땀은 배반하지 않는다. 두 직업의 경우에는 더욱 그러하다.
무엇보다 디자인과 요리가 '사람을 감동하게 하는 일'임에는 이견이 없을 것이다. 소박하면 소박한 대로, 화려하면 화려한 대로 좋다. 진심을 다하기만 한다면 통하게 되어 있다.

The Designer's Pencil

Mix & Match

믹스 앤 매치(Mix & Match)라는 말을 한 번쯤은 들어봤을 거다. 최근 생긴 신조어 같지만 1960년대 패션계에서 등장한 제법 전통 있는 키워드다. 믹스 앤 매치란 예를 들어 꽃무늬 원피스에 가죽 재킷을 걸치는 것과 같이 이질적인 것을 섞거나 결합하는 방식을 말한다. 지금 우리에게는 익숙한 방식이지만, 당시만 해도 파격적 시도이자 혁명이었다.

여러 가지 문화와 다양한 생활 방식이 존재하는 지금, 여러 가지 문화를 복합적으로 향유할 수 있는 믹스 앤 매치 스타일은 패션에만 한정된 것은 아니다. 인테리어, 요리 등 일상 전반에서 활용되고, 또 환영받고 있다.

내 이야기를 하자면, 나는 예전부터 믹스 앤 매치를 삶 곳곳에 녹여내고 있다. 가령 인테리어의 경우에는 아주 모던한 공간 안에 내추럴한 목제가구를 배치한다거나, 전혀 어울릴 것 같지 않은 색상 대비를 활용하는 식이다.

The Designer's Pencil

옷차림도 마찬가지다. 슈트를 입을 때 내가 가장 즐겨 신는 신발은 스니커즈다. 일명 '스티브 잡스 운동화'로 불리는 그것이다. 반대로 캐주얼한 복장에는 페도라나 트윌리 같은 아이템을 매치해 색다른 분위기를 연출하기도 한다.

취향과 개성에 따라 얼마든 다양하게 변주할 수 있는 만큼, 믹스 앤 매치의 가장 큰 장점은 성공도 실패도 없다는 점이다. 낯선 소재의 어울림을 찾아 나만의 스타일을 완성하는 일은 그저 또 하나의 즐거움이다.

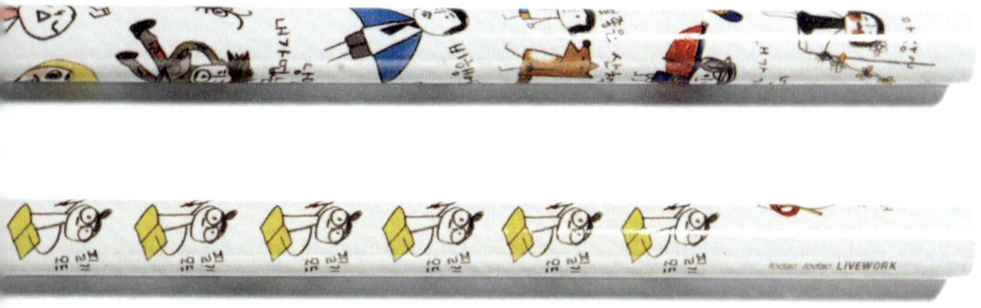
LIVEWORK

자연에서 빌린 소품들

디자이너라고 하면 흔히들 고가의 리미티드 에디션에 열광하고, 값비싼 예술작품만을 고집할 거라고 생각한다. 하지만 대가 없이 더 큰 만족을 주는 것들이 있다. 바로 자연으로부터 얻는 감성이다.

최첨단의 시대를 사는 현대인에게 자연은 늘 그리운 존재다. 창조적인 일을 하는 사람들이라면 더욱 그러하다. 나에게 자연은 곧 휴식이다. 마음에 평온을 가져다주고, 감성을 충만하게 한다. 지구는 그 자체로 한편의 거대한 조각 작품이며, 자연이 만들어내는 색채는 그 어떤 예술가의 테크닉보다 신비로울 때가 있다. 여행은 창조적인 감성을 유지하는 데 큰 도움을 주기에 자주 떠나려고 노력하는 편이다. 푸른 하늘과 바다를 보며 마음을 정화하고, 구름과 숲이 만든 웅장한 자태를 보며 삶의 본질에 대해 생각한다. 자연이 내어준 음식들을 맛보고 감탄하고 감사하며, 나 역시 자연의 일부임을 깨닫고 돌아오는 것이다.

The Designer's Pencil

물론 바쁜 일상 속에서 여행이 여의치 않을 때가 많기에, 평소에는 자연에서 얻은 소품들을 가까이 두고 즐기려 한다. 색깔이나 형태가 독특한 돌이라거나, 그 자체가 하나의 조형물로 보이는 기다란 나뭇가지, 철마다 피고 지는 들꽃은 집의 거실이나 주방, 집무실을 환히 밝혀주는 요소들이다. 이처럼 자연에서 빌린 고마운 소품들은 디자인 가구나 예술작품들과 어우러져 공간을 채운다. 어쩌면 나의 공간은 자연이 깃든 순간 비로소 완성되는지도 모른다. 회색빛 콘크리트 건물 안에서, 자연이 주는 여유와 싱그러운 풀빛을 오롯이 느낀다. 이것이 내가 먼지 낀 일상을 헹구고, 연거푸 새로울 수 있는 비결 아닌 비결이다.

The Designer's Pencil

독일행 비행기

지난 3월, 독일을 방문한 나는 뮌헨 거리를 걷고 또 걸었다. 이른 아침부터 시작된 빠듯한 일정이었지만 틈나는 대로 걷고 싶었다. 낯선 도시의 풍경은 보는 것 자체만으로도 신선함을 불러일으켰고 디자이너의 감각까지 더해져 거리의 간판과 맨홀 뚜껑 하나조차 허투루 지나칠 수 없었다. 새로운 시선을 담아두려는 욕구 때문이었을 것이다. 그러나 한편으로는 씁쓸하고 허기진 마음을 달래고 싶었다. 낯선 거리를 걷고 또 걸으면서 말이다.

나와 회사는 지난 23년간 한 길만을 걸어왔다. 쉽지 않은 디자이너로서의 삶이었고 편집디자인을 한다는 자부심으로 밤낮없이 일해 왔다. 그 결과 '2017 독일 뮌헨 디자인 위크(Munich Design Week)'에 대표 디자이너로 초청되는 영예를 얻었다. 포럼에서 발표할 주제와 내용을 꼼꼼히 준비했고 한국의 편집디자인 실력과 스스로를 알릴 좋은 기회로 생각했다. 함께 동고동락한 회사 디자이너와 임원들도 참여할 수 있도록 독일행 비행기와 숙소까지 예약해 두었다.

The Designer's Pencil

그러나 나는 결국 그 자리에 서지 못했다. 사내에서 일어난 불미스러운 일로 인해서였다. 국내 대표 디자이너분들의 멋진 발표와 진행에 다소 위로를 받고 돌아왔지만, 얼마간은 씁쓸한 마음을 감출 수 없었다.

인생이란 수레는 온전히 원하는 방향으로만 굴러가는 것이 아님을 다시 한번 생각한다. 나 또한 그 책임들로부터 자유로울 수 없으리라. 묵묵히 시간은 흐른다. 뒤돌아 지난 인생을 반추하며 차분히 이야기할 날이 언젠가는 오리라 믿는다.

The Designer's Pencil

아티스트로 산다는 것

우리는 너무 빠르게 변화하는 세상에 살고 있다. 단번에 모든 것을 바꾸려고 하니 부작용이 안 생길 수 없다. 물건부터 사람까지 빠르게 변화시키려고 하니 말이다. 새것을 좋아하지 않는 사람이야 없겠지만, 가끔은 세월을 입은 것들이 주는 뭉근한 온기와 끈기가 그립다. 트렌드를 선도하는 편집디자인회사 대표로서 매일같이 혁신과 철학 사이에서 고민한다. 아이폰 같은 절대적으로 미니멀한 전자기기도 좋지만 장인정신이 담뿍 담긴 묵직한 목제가구에도 눈길이 가는 것과 같은 이치랄까.

빠르게 변화하는 시대다. 자고 일어나면 세상은 저만치 나아간 듯하다. 허나 조급해하는 대신 '나다움'에 대해 생각한다. 벽이 높을수록 굳은 소신과 철학이 더욱 중요한 법이니 말이다.

하버드대학 도서관 입구에는 이런 글이 쓰여 있었다. 'New corns come from the old field'. '새 곡식은 오래 묵은 밭에서 나온다'는 말이다. 빠름을 강요하는 시대, 나다움을 지키는 것이 더욱 중요한 이유다.

The Designer's Pencil

물론 변화에 대비하는 일 역시 소홀히 해서는 안 된다. 가장 큰 위기는 정체되어 있을 때 오지 않나. 다만 그 방법론에 대해서는 나만의 방식을 고수한다. 변화에 민감하게 대응하면서도, 꼭 필요한 순간에는 장인정신을 발휘해야 하는 이유. 그것은 디자이너가 기술자이면서 동시에 아티스트인 까닭이다.

창조란 일종의 여행이라고 생각한다. 하루하루 똑같은 날씨만 주어지란 법은 없다. 맑은 날만 이어진다 해서 좋다는 법도 없다. 비 오는 날에만 볼 수 있는 풍경도 있기 마련이다. 맑은 날, 흐린 날, 천둥 번개가 치는 날… 길 위에서 매일 다르게 펼쳐지는 그림을 찾아내는 것이 여행이다. 자기만의 창조적 에너지를 품고 있다면, 언제라도 아름다운 풍경을 만날 수 있다고 믿는다. 우리가 고민을 계속하는 한 디자인의 미래는 눈부시게 밝다.

다시

디자인을 생각하다

디자인에는 정답이 없다

epilogue

왼쪽으로 갈지, 오른쪽으로 갈지
망설이고 고민하는 과정을 거쳐
비로소 디자인은 완성된다.

디자인은 어디에나 있다

epilogue

2012 PLACE BRANDING SYMPOSIUM
지나가는 이의 산뜻한 옷차림 속에,
오후를 깨우는 한 잔의 커피 위에.
그렇게 디자인은 있다.

연연하지 말 것

epilogue

여기에 왜 레드를 썼는가.

한 줄로 설명될 수 없는 것, 그래서 생각하게 하는 것

그것이 바로 디자인이다.

마음으로 하는 디자인

epilogue

신나게 작업한 디자인과 그렇지 않은 디자인은 눈에 보인다.
아니 마음이 먼저 느낀다.
눈과 손이 아닌 가슴으로 디자인해야 하는 까닭이다.

순수함을 잊지 않는 것

epilogue

경험이 쌓인다는 것은 좋은 일이지만
그만큼 경계해야 하는 일이기도 하다.
당연해지고 익숙해짐을 두려워하고 의식적으로 마음을 열어야 한다.
'오늘 여기' 가 시작이다.

다시 태어나도

epilogue

늦은 밤 불 켜진 사무실 앞에 귀 기울인다.
창문 너머로 뜨거운 청춘들이 아우성친다.
새로이 가슴이 뛴다. 다시 태어나도 디자이너를 할 것이다.
Anne of Green Gables
Whatever other people might have thought of the result it satisfied Anne,

The Designer's Pencil

MoMA
MoMA
MoMA
MoMA
MoMA
MoMA

The Designer's Pencil

I
CANADA
MADE

The Designer's Pencil

LOVE ANIMAL

The Designer's Pencil

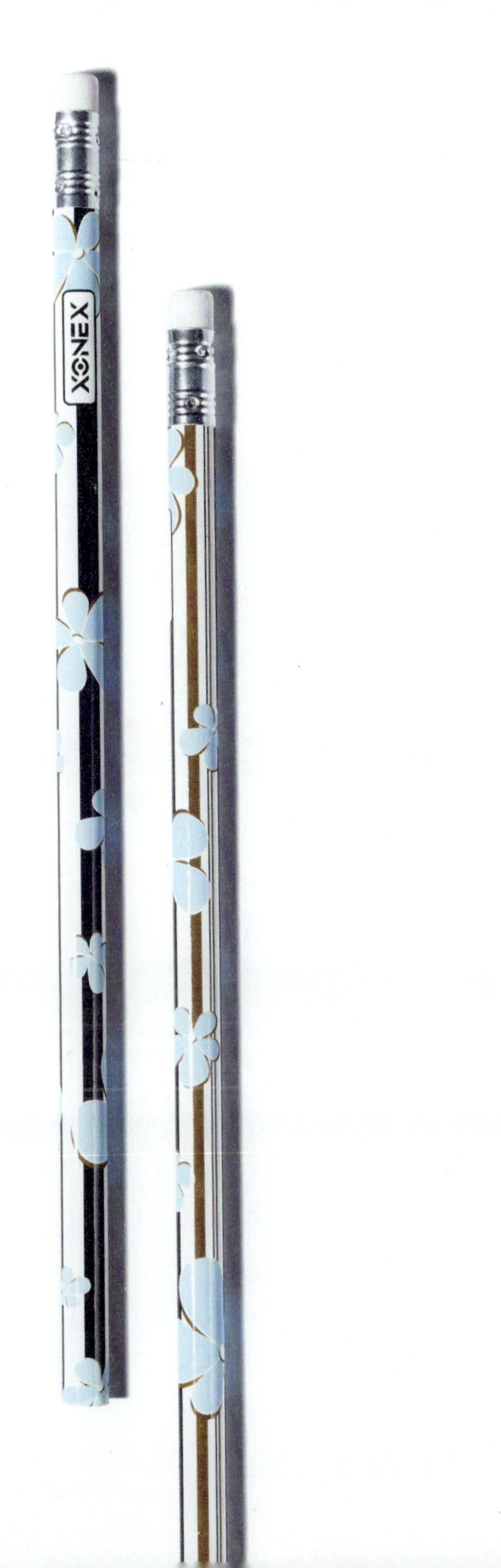
XONEX

The Designer's Pencil

STABILO GREENgraph 6004 HB = 2 1/2 FSC C106072
STABILO GREENgraph 6004 HB = 2 1/2 FSC C106072
STABILO GREENgraph 6004 HB = 2 1/2 FSC C106072

The Designer's Pencil

BUBBA GUMP
SHRIMP CO.

The Designer's Pencil

PATRA
patrainc.com

The Designer's Pencil

International Center of Photography
International Center of Photography
PRISMACOLOR® EBONY
JET BLACK
EXTRA SMOOTH
14420

SAN FRANCISCO
USA

The Designer's Pencil

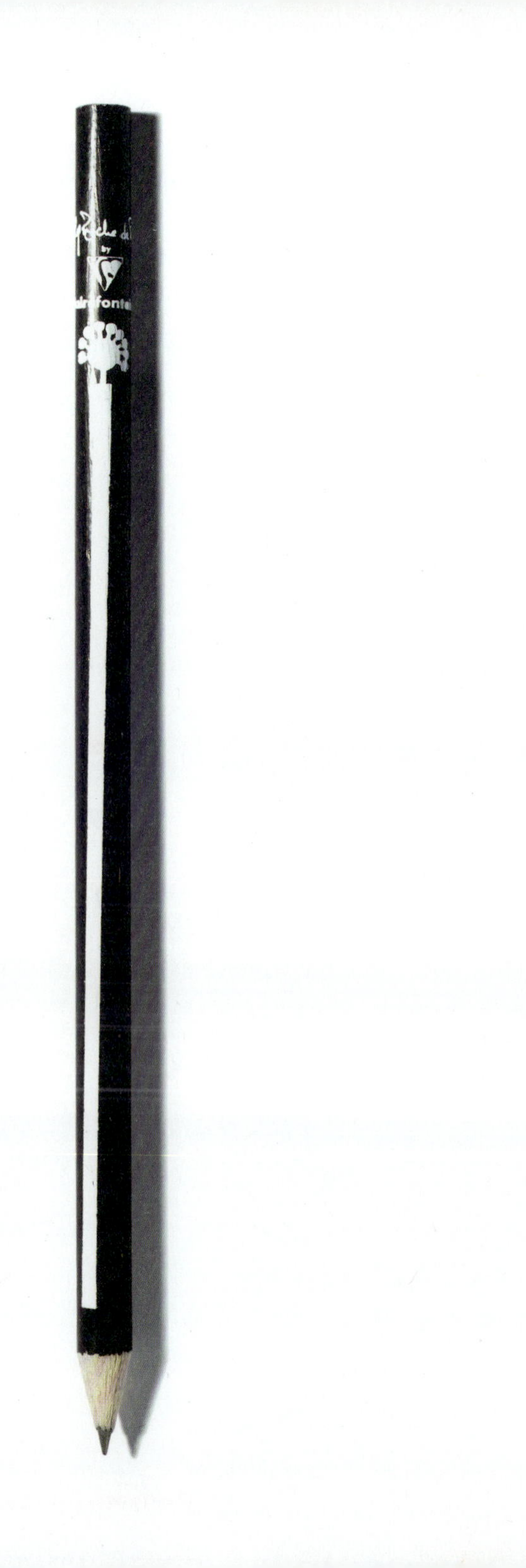

The Designer's Pencil

H.C.Andersen
H.C.Andersen
H.C.Andersen

I ♡ Croatia
I ♡ Croatia

The Designer's Pencil

The Designer's Pencil

St Andrews Links

The Designer's Pencil

상품 : 연필

The Designer's Pencil

KOREA ARTIST PRIZE

The Designer's Pencil

CREATOR'S PENCIL, BLUE PENCIL made by designblue
HB
2

The Designer's Pencil

Alabama

The Designer's Pencil

LOVELY FRIENDS

The Designer's Pencil

FINN JUHL

ZAGREB-CROATIA

The Designer's Pencil

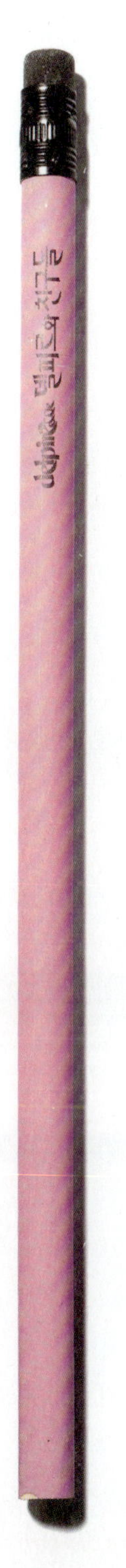

The Designer's Pencil

The Designer's Pencil

The Designer's Pencil

ENGLAND
DERWENT • GRAPHIC
5H
FABER-CASTELL
CASTELL 9000
6
highest quality Tombow MONO
4B

The Designer's Pencil

THE METROPOLITAN MUSEUM OF ART
THE METROPOLITAN MUSEUM OF ART

The Designer's Pencil

The Designer's Pencil

2B
Rilakkuma
4 974413 532334

The Designer's Pencil

The Designer's Pencil

The Designer's Pencil

LONDON
LONDON
LONDON

The Designer's Pencil

GOLFZON

The Designer's Pencil

The Designer's Pencil

Chaos. Panic. Disorder. My work here is done.
Chaos. Panic. Disorder. My work here is done.

The Designer's Pencil

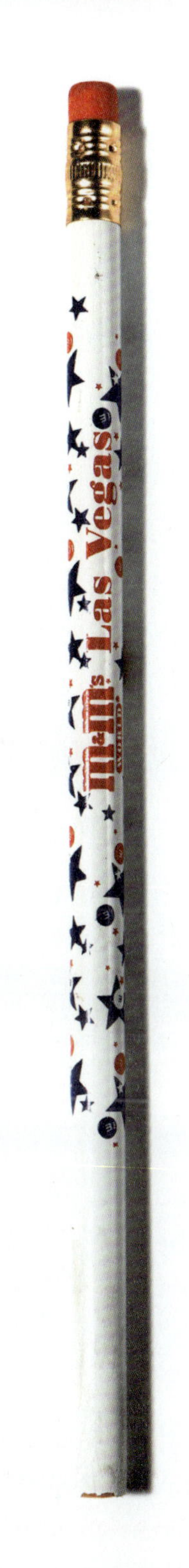
m&m's
Las Vegas

The Designer's Pencil

Ireland
Lucky
Leprechaun

Luck of the Irish!

Anne of Green Gables
Daddy Long Legs

The Designer's Pencil

KAYU RAJA

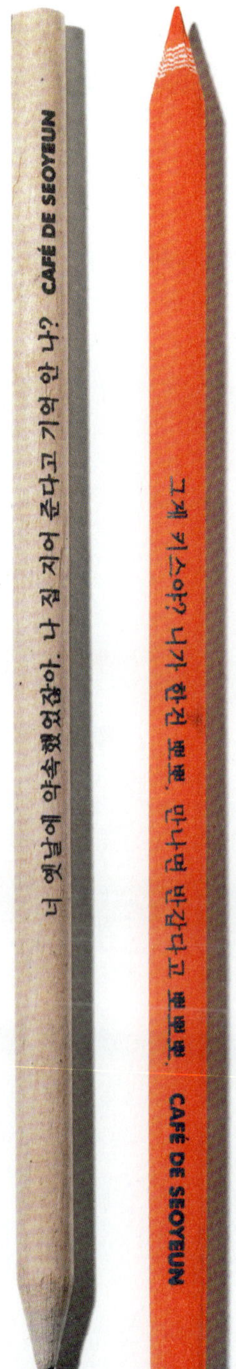

너 옛날에 약속했었잖아. 나 집 지어 준다고 기억 안 나? CAFÉ DE SEOYEUN

그게 키스야? 니가 한건 뽀뽀, 만나면 반갑다고 뽀뽀뽀. CAFÉ DE SEOYEUN

The Designer's Pencil

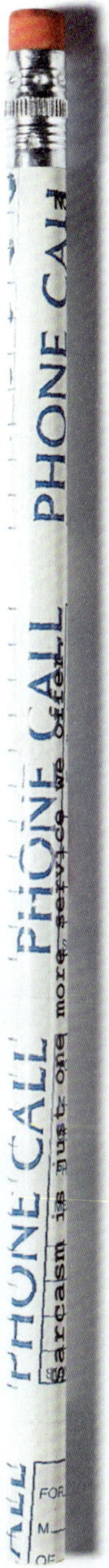

PHONE CALL PHONE CALL PHONE CALL

Sarcasm is just one more service we offer.

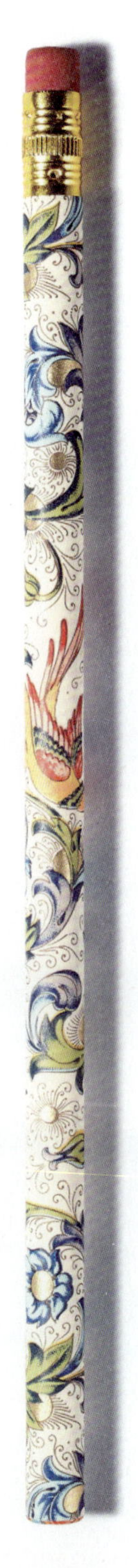

The Designer's Pencil

JORDI LABANDA

The Designer's Pencil

ROBERT CAPA

SPEED GIVES ME
INCREDIBLE JOY!

The Designer's Pencil

독수리 교육공동체 HB
EAGLE CHRISTIAN SCHOOL HB

The Designer's Pencil

Hello!
Luck
Sweet
HB

The Designer's Pencil

The Designer's Pencil

EDINBURGH CASTLE

The Designer's Pencil

I see you've set aside this special time to humiliate yourself in public.
DIXON

The Designer's Pencil

2
2000
2
2000

The Designer's Pencil

intel

HB
2
THE CURE
HOPE
0 72067 13961 0

The Designer's Pencil

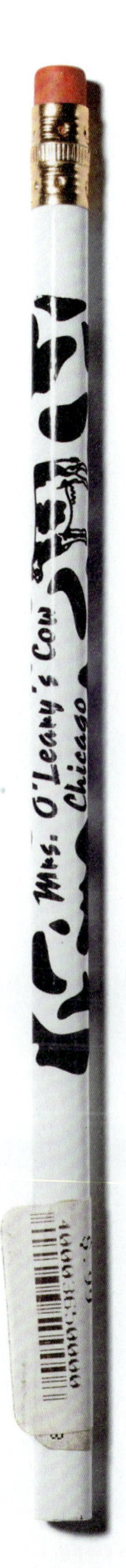
Mrs. O'Leary's Cow
Chicago

The Designer's Pencil

DYLAN'S CANDY BAR®
DYLAN'S CANDY BAR®

The Designer's Pencil

Chicago

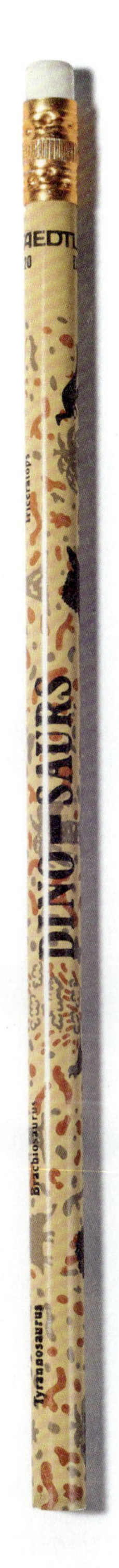
DINO-SAURS
Triceratops
Brachiosaurus
Tyrannosaurus

The Designer's Pencil

2012 PLACE BRANDING SYMPOSIUM

The Designer's Pencil

JORDI LABANDA

The Designer's Pencil

TAIWAN
SN-260
0.7mm Auto Pencil
MAGIC HOUSE

The Designer's Pencil

XONEX

Trinity College Library Dublin

The Designer's Pencil

CHINA
Black Wood

The Designer's Pencil

DO I LOOK LIKE A PEOPLE PERSON?

STANFORD®
UNIVERSITY

The Designer's Pencil

* twinkle primary pencil * ibis B

HB
Story
51C
HB
B
진한심
DOG
KiDS
BUS
STOP
MINI VALLEY
FOR THE MAXIMUM SPEED OF US

B
진한심

MADE IN USA
Faber-Castell
DESIGN™ DRAWING

The Designer's Pencil

XONEX

PANTONE
UNIVERSE
14-0850
FABER-CASTELL
2½=HB
1117
GERMANY

The Designer's Pencil

Chicago White Sox
WHITE SOX

The Designer's Pencil

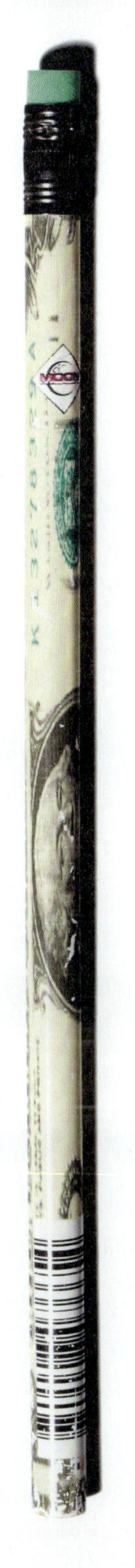

The Designer's Pencil

wind-son
文神®

The Designer's Pencil

CAMPUS B R&D U.S.A

Sweet Home

The Designer's Pencil

The Designer's Pencil

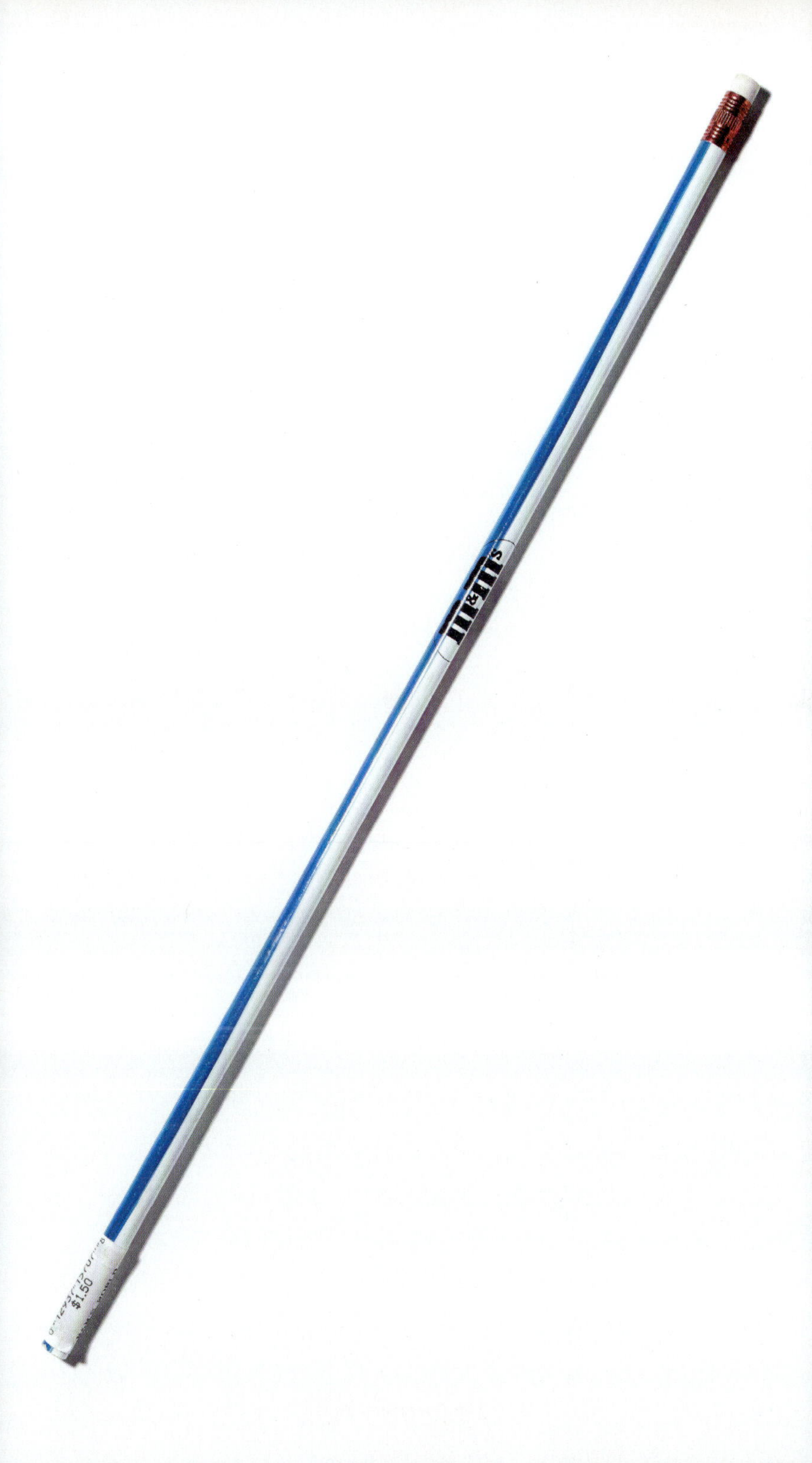
m&m's
$1.50

The Designer's Pencil

Have a Nice Day!

HB
2
NATURAL
U.S.A. GOLD
www.MEGABRANDS.com

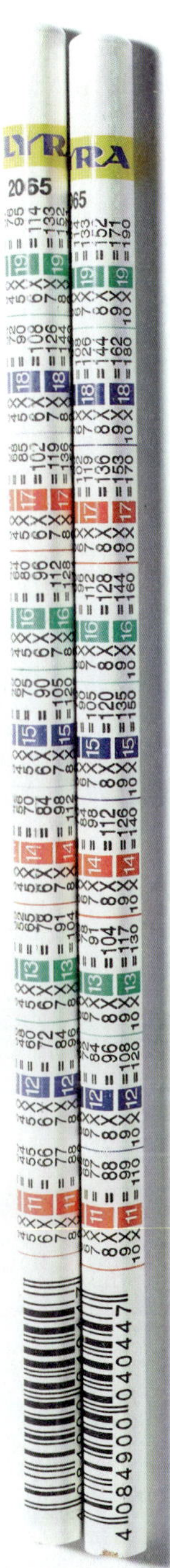
LYRA
2065

The Designer's Pencil

New York City
I NY
I NY
New York City

The Designer's Pencil

B

The Designer's Pencil

JUMBO HB

The Designer's Pencil

CHICAGO

Honolulu

M&M's World Las Vegas

The Designer's Pencil

m&m's
m&m's

The Designer's Pencil

HANKOOKSHARP KOREA Office
[HB]

The Designer's Pencil

The Designer's Pencil

Coca-Cola®
Coca-Cola®

Coca-Cola®
Coca-Cola®

The Designer's Pencil

IF I THROW A STICK WILL YOU LEAVE?
HB

The Designer's Pencil

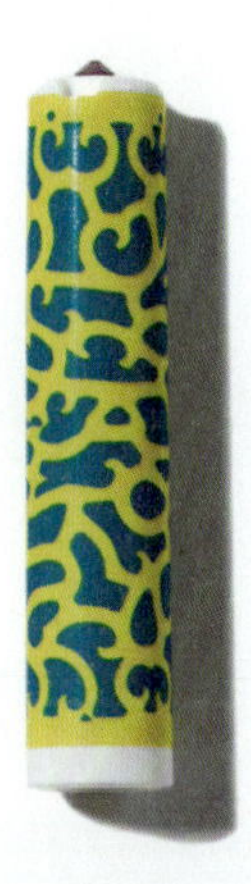

The Designer's Pencil

XONEX

HB

The Designer's Pencil

Trinity College Library Dublin

LONDON SKYLINE

The Designer's Pencil

BMW
BMW

The Designer's Pencil

Paul Smith

The Designer's Pencil

DOOSUNG PAPER

종이, 연필이 되다.

Pencil
Bio tope
52g/m²

종이연필
베스트패키지
디자인어워드코리아
대상 수상

LYRA
COLORSTRIPE
2620076
CE
GERMANY

The Designer's Pencil

Roads of Arabia
The Archaeological Treasures of Saudi Arabia

Roads of Arabia
The Archaeological Treasures of Saudi Arabia
Roads of Arabia
The Archaeological Treasures of Saudi Arabia
Roads of Arabia
The Archaeological Treasures of Saudi Arabia
Roads of Arabia
The Archaeological Treasures of Saudi Arabia
Roads of Arabia
The Archaeological Treasures of Saudi Arabia

The Designer's Pencil

PARK GÜELL GAUDÍ BARCELONA
GAUDI BARCELONA
PEDRERA

The Designer's Pencil

SAMSUNG

The Designer's Pencil

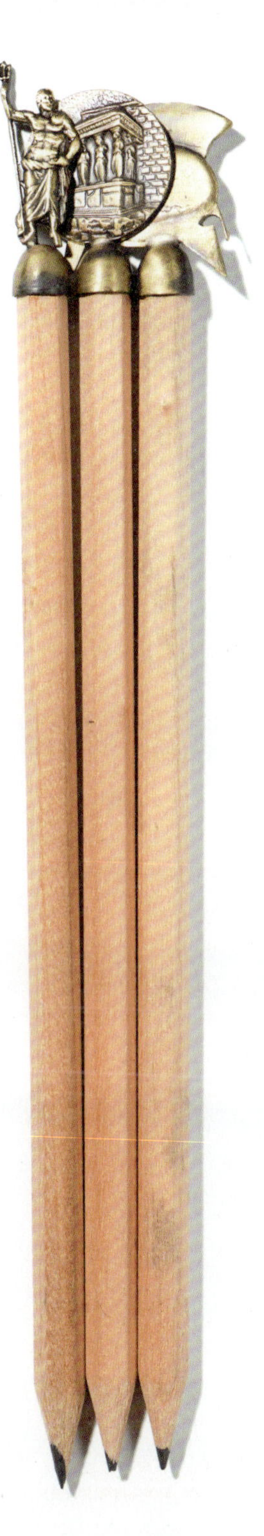

The Designer's Pencil

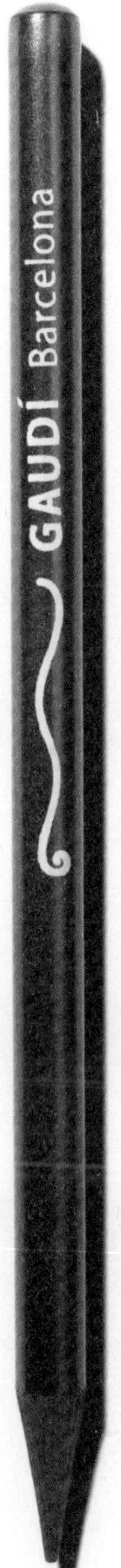
GAUDÍ Barcelona

The Designer's Pencil

The Designer's Pencil

The Designer's Pencil

The Designer's Pencil

THE METROPOLITAN MUSEUM OF ART

The Designer's Pencil

SOFITEL
LUXURY HOTELS
NUO
诺金
NUO
诺金
成都天府阳光酒店

The Designer's Pencil

I ♥ GREECE
I ♥ GREECE
I ♥ GREECE

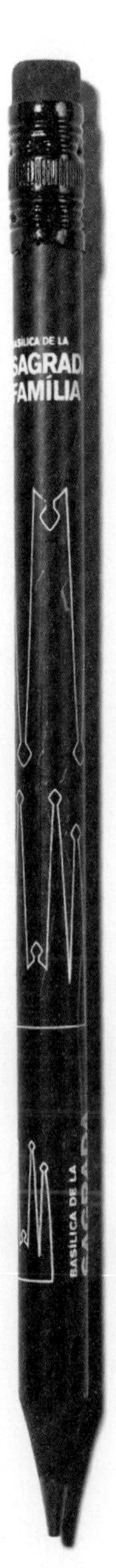
ASILICA DE LA
SAGRAD
FAMÍLIA
BASILICA DE LA

The Designer's Pencil

KOH-I-NOOR HARDTMUTH
MAGIC

MOZART
SALZBURG

The Designer's Pencil

Château de Versailles

The Designer's Pencil

Millet
Barbizon & Fontainebleau

The Designer's Pencil

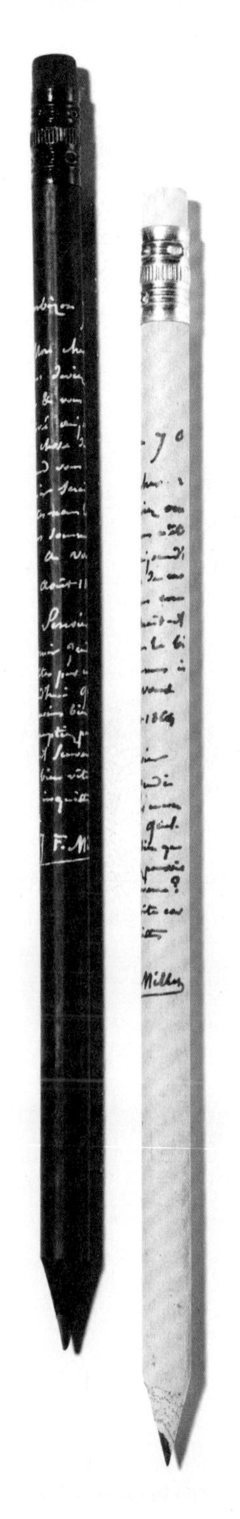

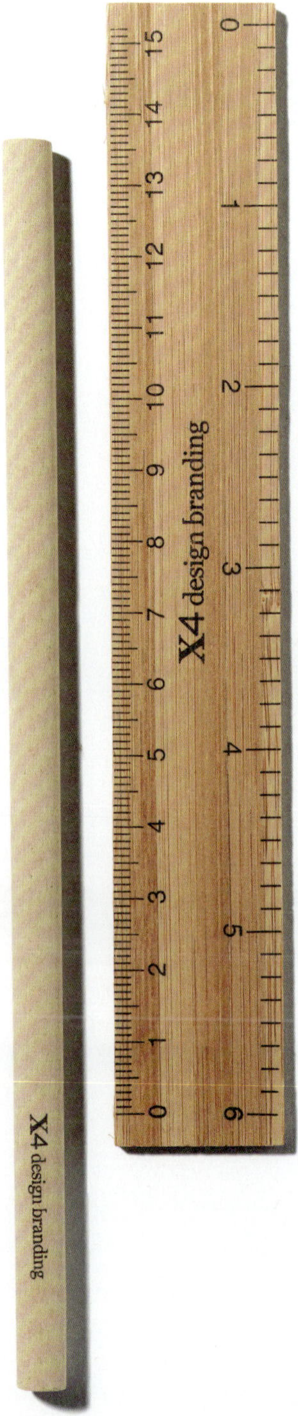

X4 design branding
X4 design branding

The Designer's Pencil

The Designer's Pencil

Je vais être votre ami
CREATED BY ICONIC
EVERYTHING IS GONNA BE ALRIGHT
Je vais être votre ami
CREATED BY ICONIC DESIGN INC.
Je vais être votre ami
Bonne année!

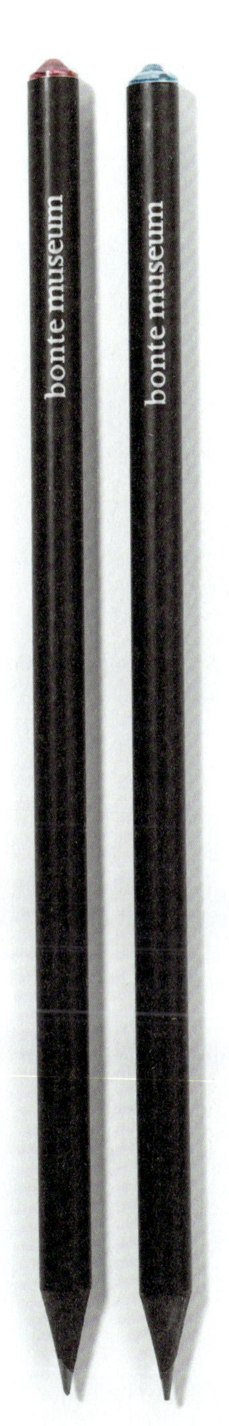
bonte museum
bonte museum

The Designer's Pencil

电话: (86-23) 67888888
CROWNE PLAZA®
HB
101
MADE IN CHINA Chung Hwa
CROWNE PLAZA®

The Designer's Pencil

New York

The Designer's Pencil

SAGRADA
FAMÍLIA

The Designer's Pencil

CANADA

The Designer's Pencil

SANTORINI
SANTORINI
SANTORINI

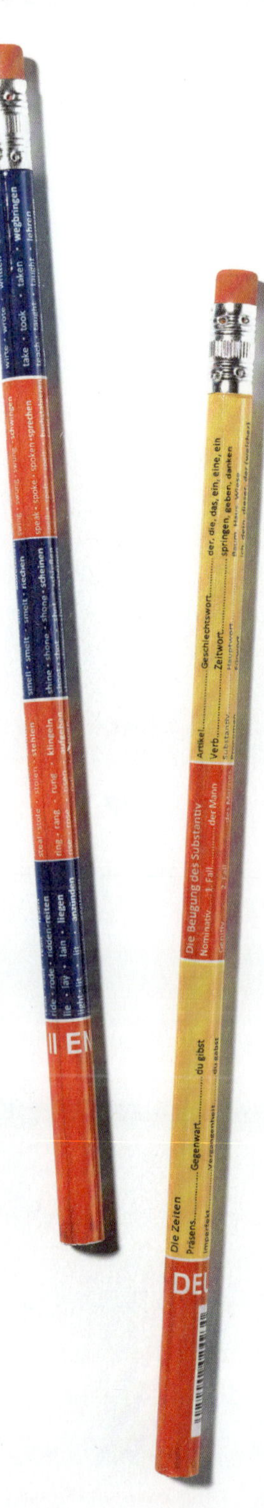

write · wrote · written · schreiben
take · took · taken · wegbringen
speak · spoke · spoken · sprechen
smell · smelt · smelt · riechen
shine · shone · shone · scheinen
steal · stole · stolen · stehlen
ring · rang · rung · klingeln
ride · rode · ridden · reiten
lie · lay · lain · liegen
Artikel............Geschlechtswort............der, die, das, ein, eine, ein
Verb............Zeitwort............springen, geben, danken
Die Beugung des Substantiv
Nominativ.....1. Fall............der Mann
Die Zeiten
Präsens............Gegenwart............du gibst

PANDA

The Designer's Pencil

The Designer's Pencil

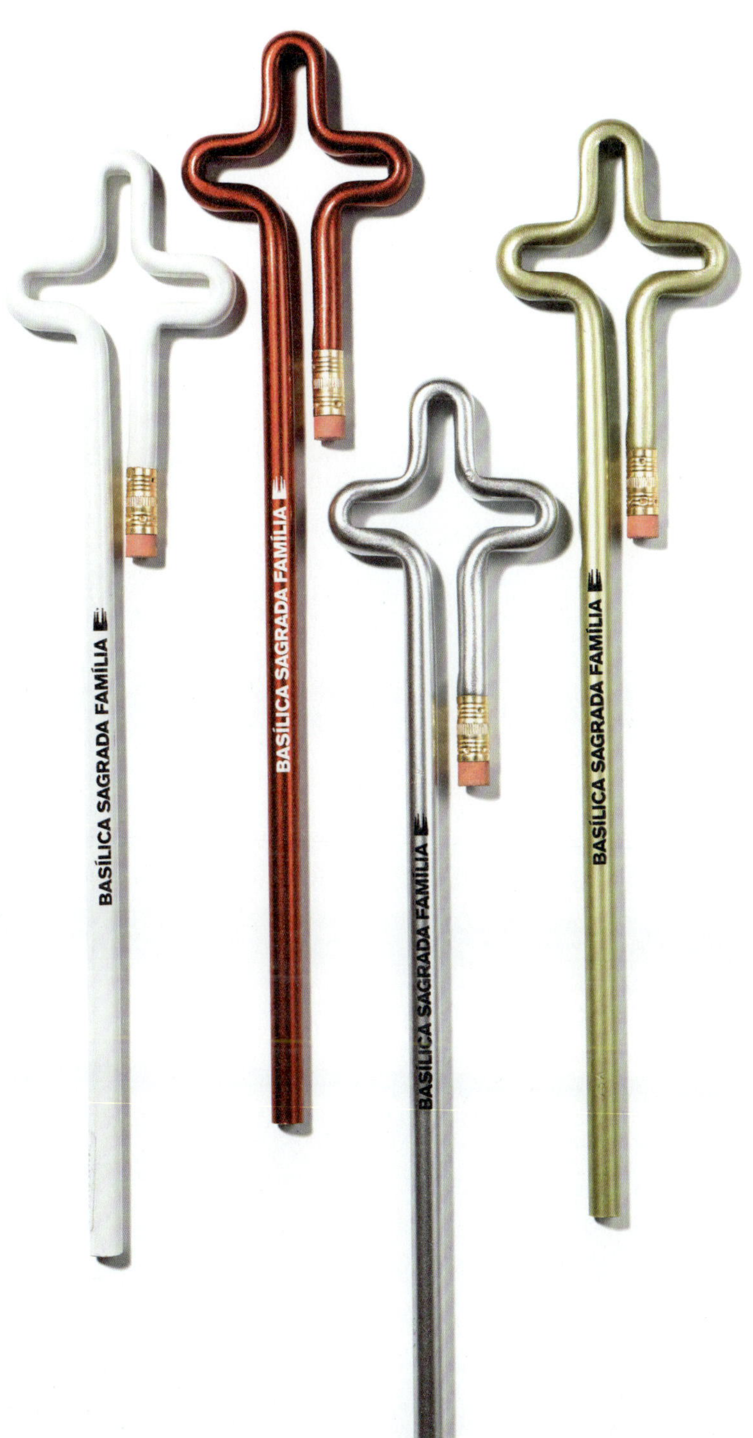
BASÍLICA SAGRADA FAMÍLIA
BASÍLICA SAGRADA FAMÍLIA
BASÍLICA SAGRADA FAMÍLIA
BASÍLICA SAGRADA FAMÍLIA

The Designer's Pencil

서울예술대학 WWW.SEOULARTS.AC.KR

The Designer's Pencil

Fiesta Crafts

SICILIA
Pinocchio
SICILIA

The Designer's Pencil

CEBU
CEBU
CEBU
CEBU
CEBU

The Designer's Pencil

Andy Warhol ART IS WHAT YOU CAN GET AWAY WITH.
Andy Warhol THE IDEA OF WAITING FOR SOMETHING MAKES IT MORE EXCITING.
Andy Warhol WASTING MONEY PUTS YOU IN A REAL PARTY MOOD.

The Designer's Pencil

FABER-CASTELL

The Designer's Pencil

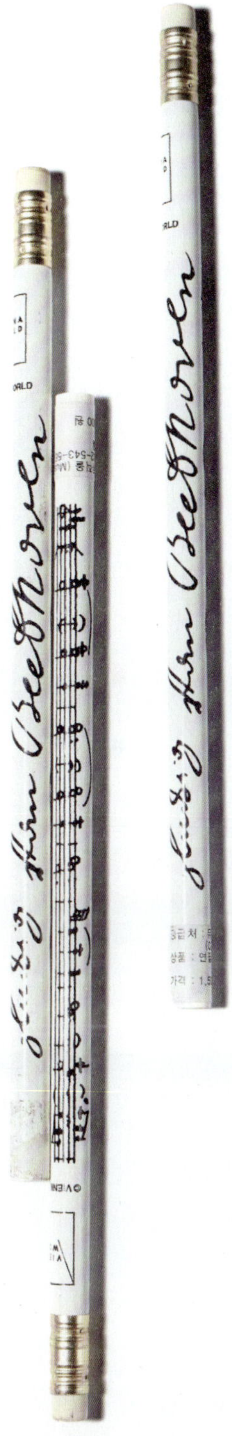

ADEL
blackLine
MADE IN TURKEY

The Designer's Pencil

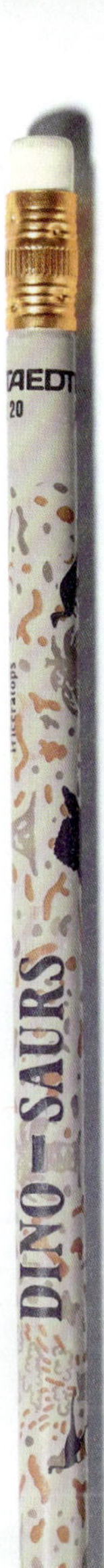
DINO—SAURS

The Designer's Pencil

CNN

The Designer's Pencil

Seattle
Seattle

The Designer's Pencil

National Museum of Modern and Contemporary Art, Korea

National Museum of Modern and Contemporary Art, Korea

National Museum of Modern and Contemporary Art, Korea

The Designer's Pencil

The Designer's Pencil

쓰다 그리다 생각하다

2017년 11월 20일 1쇄 찍음
2017년 12월 1일 펴냄

저자	이인기
펴낸이	이인기
펴낸곳	㈜디자인소호
등록번호	출판등록 제2000-000273호 2000년 11월 9일
주소	서울특별시 강남구 도산대로 26길, 55(논현동 34-6) 디자인소호빌딩
전화	02-514-5164
팩스	02-517-3692
홈페이지	www.designsoho.co.kr
편집과 디자인	윤종현, 임동준, 이소정, 김희원
사진촬영	옥구슬, 그라피스튜디오

값 22,500원
ISBN 978-89-92681-23-0 03810

이인기

'생각을 나누는 사람' 이인기는 홍익대학교에서 시각디자인을, 동대학원에서 멀티미디어광고를 전공했다. 1987년 한국일보사에 입사하여 신문 및 잡지 편집디자이너로서 폭넓은 경험을 체득했으며 1994년 '미니멀 디자인'을 모토로 ㈜디자인소호를 창업하여 디자인의 활동 영역을 넓혀가고 있다. 한국시각정보디자인협회 수석 부회장을 역임했고 한국예술종합학교, 성균관대, 경희대, 극동대, 서울예대, 단국대 등에서 편집디자인 이론 및 실무를 가르쳤다.

저자는 사보 및 브로슈어, 애뉴얼리포트, 사사, 홈페이지 등 다양한 영역에서 편집디자인과 웹 디자인을 통해 실험적 시도를 계속하였을 뿐 아니라, 편집디자이너의 '에디팅 마인드'(Editing Mind)를 강조하며 디자인 영역을 뛰어넘는 기획 · 마케팅 역량을 발휘하고 있다. 최근에는 환경과 나눔을 주제로 디자인과의 연계성 및 창조성을 고민하여 '한국의 토종물고기', '한국의 야생화', '한국의 나무'를 시각화해 발표하기도 했다. 능동적이고 창조적인 디자인에 관한 그의 실험은 앞으로도 계속될 것이며, 디자인의 논리적인 전개를 통해 독자성과 감수성을 동시에 확보하기 위한 노력은 멈추지 않을 것이다.

〈월간 디자인〉 '달리는 디자이너'에 선정되었으며, '최우수기획디자인'(한국사보협회), 'Best Design'(IBA) 상을 받았다. 세계적 권위를 자랑하는 Mercury Awards 동상을 비롯하여, iF Design Award Winner를 수상하기도 했다. 현재 VIDAK 회장으로 디자인계의 위상과 화합을 위해 일하고 있다.